SH. JUAN CARLOS CARAMÉS PAZ

MEJ@R vida con mis posts

— CUARTA COLECCIÓN —

PERSIGUE
LO QUE TE HAGA
SENTIR QUE DAS
A TODO...

QUEDA RIGUROSAMENTE

prohibida, sin la autorización escrita del autor, bajo las sanciones establecidas en las leyes, la reproducción parcial o total de esta obra por cualquier medio o procedimiento, incluidas la reprografía y el tratamiento informático y redes sociales, así como la distribución de ejemplares mediante alquiler o préstamo.

COPYRIGHT BY JUAN CARLOS CARAMÉS PAZ
Primera Edición Año 2020
Diseño Gráfico: Helianny Herrera

DEDICATORIA

A MI SEGUNDA ALMA que acompaña mis días, haciéndolos mejores, mi bella esposa Erika Renata.

A MIS RETOÑOS DE VIDA, que elevan alas cada día, Gianfranco, Gianpiero y Camila Alessandra.

A MIS PADRES, mi viejo en el cielo y mi espectacular madre, Eladino y Ana María.

A TODA MI BELLA FAMILIA, Rocío, Mónica, Andreina, Oriana, Pamela, Valeria, Shantal, Jimena, Joaquina, Julieta y Samantha, con sus esposos y novios. A Renata, madre de mi esposa y su compañero de vida.

A TODAS LAS ALMAS que quieran sentir increíblemente la vida y desean viajar por todas sus paradas.

CONTENIDO

10 PÁG. INTRODUCCIÓN

12 PÁG. PRIMERA SABIDURÍA

Busca constantemente las emociones positivas que dan el mejor sabor de vida.

COLECCIÓN DE POSTS:

1.- Perdonar es la única medicina que nunca deja cicatriz en el alma.
2.- Cada rabia erosiona la más pura onza de amor.
3.- Es mejor preguntar una vez más, que durar toda una vida acompañado de la duda.
4.- El punto final es la única regla gramatical de la cual se encarga la vida.
5.- La madurez se demuestra cuando haces las cosas que crees deberían hacer otros.

31 PÁG. SEGUNDA SABIDURÍA

Cuando te acostumbras a poner ese "EXTRA", lo posible se hace natural.

COLECCIÓN DE POSTS:

6.- La frontera de lo diferente comienza en el atrevimiento con cada amanecer.
7.- "Quizás", tiene el poder de hacer del nunca una simple posibilidad.
8.- Lo mínimo que te puede pasar cuando persigues lo que deseas, es que lo encuentres cuando menos lo esperas.
9.- Evita que lo bueno no te deje ver lo mejor.
10.- Las hazañas pequeñas le quitan el antifaz a lo imposible.

48 PÁG. TERCERA SABIDURÍA

Deja de sangrar por espinas que solo están en tu mente.

COLECCIÓN DE POSTS:

11.- Pensar que no puedes, declara la muerte de todas tus opciones, inclusive las mejores y únicas.
12.- La oscuridad o brillantes de las cosas está más dentro de ti, que afuera.
13.- Lo que piensas es una voz con silencio que habla a través de tus actos.
14.- Lo único seguro en la vida, es que no hay nada seguro.
15.- Regala tu mejor cara a cada día que conoces, pues es como un amigo que permite compartir lo mejor de la vida.

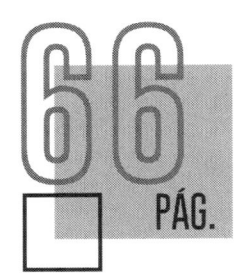

CUARTA SABIDURÍA
PÁG. 66

Deja que el exceso de hacer menos sea tu mejor promedio de vida.

COLECCIÓN DE POSTS:

16.- Las cosas que se quieren, sólo se alcanzan cuando uno corre tras ellas.

17.- Aunque distraigas tus obligaciones y pospongas tus decisiones, el tiempo acumula sus facturas.

18.- Hay cosas pequeñas que construyen grandeza.

19.- A veces hay que dar más no solo para recibir lo que falte, sino porque es lo mínimo que hay que dar.

20.- Hay un combustible cuyo octanaje es infinito, sentir alegría por tus logros. Son el impulso para proseguir hasta por las metas inalcanzables.

QUINTA SABIDURÍA
PÁG. 84

Mañana será mejor, si hoy es el día que te atreves.

COLECCIÓN DE POSTS:

21.- Hay momentos en la vida en que hacer locuras es lo más cuerdo de tu existir.

22.- Las relaciones perfectas no existen. Lo que sí existe son perfectos esfuerzos por construir mejores relaciones en cada trayecto de tu vida. Cambiar este pensamiento.

23.- Cada logro, aunque sea el más mínimo, siempre indica que vas por buen camino.

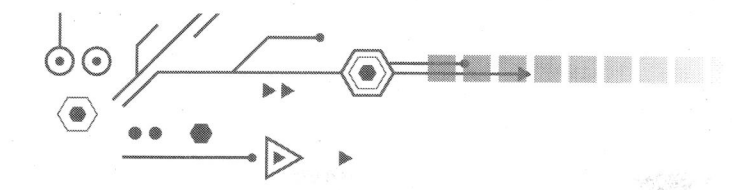

24.- Perseguir momentos que te dejen sin aliento, es el mejor aliento que pocos se atreven a perseguir.
25.- Dar el primer paso, hace que quede menos.

102
UNA PAUSA ANTES DE QUE CIERRES ESTE LIBRO...

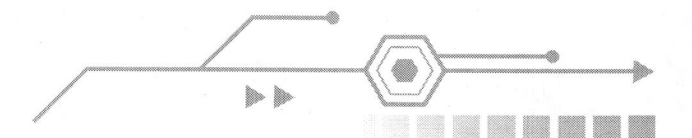

INTRODUCCIÓN

Mejor Vida con Mis Posts es una colección de libros de lectura rápida para dar vitaminas y concepto a tu vida. Está inspirado en mis POSTS de Instagram a lo largo de los últimos años.

La información contenida en este libro siempre alimentará la vida para elevar su propósito con responsabilidad, plenitud y sentido.

Aquí podremos conocer una extensión de sabiduría más allá de las simples palabras que conforman un Post, escritas por el mismo autor que las compone. Estos Posts no obedecen a un contenido programático como tal, pero si a una estructura de temas que dan un mejor y más claro sentido a cualquier vida.

Cada colección de Posts es única y ofrece entre todas oro en polvo para que des mejor forma y brillo al actuar en tu caminar. No importa tu edad, sexo y profesión, la vida tiene que ser la mejor en cualquier etapa, es la única que posees, por eso el lenguaje que usaremos será tan sencillo, pero directo, que seguro hará significación positiva en tu proceder.

Una sugerencia muy importante al leer este libro. Te haré muchas preguntas para que escribas sus respuestas en un cuaderno especial que te pido usar para ello. Puede ser en papel o electrónico, pero es clave hacerlo para que en esas palabras que vas a escribir encuentres brillo o la luz para obtenerlo.

NO PERDAMOS MÁS TIEMPO, YA ES HORA DE COMENZAR A CONOCER LA CUARTA COLECCIÓN DE MIS POSTS PARA UNA MEJOR VIDA.

Para una Mejor Vida, mi Cuarta Colección de Posts, tratará los significados de la siguiente sabiduría:

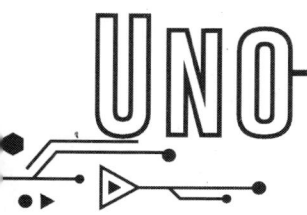

UNO
Busca constantemente las emociones positivas que dan el mejor sabor de vida.

DOS
Cuando te acostumbras a poner ese "EXTRA", lo posible se hace natural.

TRES
Deja de sangrar por espinas que solo están en tu mente.

CUATRO
Deja que el exceso de hacer menos sea tu mejor promedio de vida.

CINCO
Mañana será mejor, si hoy es el día que te atreves.

COMENCEMOS A DISFRUTAR DE LA SABIDURÍA PARA UNA MEJOR VIDA, CON MI CUARTA COLECCIÓN DE POSTS...

PRIMERA SABIDURÍA

BUSCA CONSTANTEMENTE LAS EMOCIONES POSITIVAS QUE DAN EL MEJOR SABOR DE VIDA.

SE VIVE UNA SOLA VEZ...
¿PARA CUÁNDO VAS A DEJAR LAS MEJORES EMOCIONES DE TU EXISTIR?

La respuesta correcta es: "Solo para hoy, cada día". Hacer lo contrario atrae todos los pasivos de las emociones: Toxicidad mental, tristezas, rabias con rencor, odio, resentimiento, melancolía, negatividad, etc. Con un cuadro así de vida, no se durará mucho.
Cuando tomas muy en serio las primeras tres líneas, como receta de vida, atraerás tres consecuencias clave para tu existir:

1.- PROPÓSITO RESPONSABLE DE ACCIÓN.
2.- MUCHAS ACTIVIDADES QUE DARÁN DESAHOGO A LAS TENSIONES RUTINARIAS DE LOS DÍAS.
3.- UN BÚSQUEDA PERMANENTE POR DESCUBRIR LO QUE TE HACE SENTIR VIVO Y DA ARMONÍA CON LA VIDA. ARMONÍA CON LA VIDA.

Para contribuir con esa búsqueda incesante emocional de lo que te hace sentir bien, comparto cinco post que en su sabiduría, seguro llenará de herramientas tus días:

1.- PERDONAR ES LA ÚNICA MEDICINA QUE NUNCA DEJA CICATRIZ EN EL ALMA.

2.- CADA RABIA EROSIONA LA MÁS PURA ONZA DE AMOR.

3.- ES MEJOR PREGUNTAR UNA VEZ MÁS, QUE DURAR TODA UNA VIDA ACOMPAÑADO DE LA DUDA.

4.- EL PUNTO FINAL ES LA ÚNICA REGLA GRAMATICAL DE LA CUAL SE ENCARGA LA VIDA.

5.- LA MADUREZ SE DEMUESTRA CUANDO HACES LAS COSAS QUE CREES DEBERÍAN HACER OTROS.

VEAMOS
QUE APRENDEMOS DE CADA UNA DE ELLAS...

01.

PERDONAR ES LA ÚNICA MEDICINA QUE NUNCA DEJA CICATRIZ EN EL ALMA.

EL PERDÓN ES

el tratamiento que restaura las cortadas y dolencias que padece el corazón humano. Su funcionamiento no es como el de una aspirina que calma el dolor y reduce la ansiedad minutos después de haberlos tomado. Se asemeja más a una terapia física que restaura progresivamente. Veamos entonces, que puedes hacer para **PERDONAR:**

Perdonar es todo un Proceso que empieza reconociendo que tenemos una o varias heridas en el alma. El siguiente paso es realizar la cirugía. Ésta es quizás la parte más dolorosa y difícil de enfrentar. Es la que arranca todo aquello que provoca que nuestro sistema afectivo se infecte constantemente.

Etimológicamente perdonar significa dEsatar, desamarrar. Esto nos enseña que cuando alguien nos lastima es como si hiciera un nudo en nuestro interior. Como si le dejáramos amarrado dentro de nosotros. El perdón es el mecanismo que deshace el nudo. Libera el amarre que nos tiene anclados al puerto del pasado impidiéndonos partir.

Al igual que cualquier herida del cuerpo, las lesiones emocionales requieren desinfectaRse para alcanzar completa sanidad. Existe la creencia popular de que el paso de los días por sí mismo sana las heridas del alma, pero no es así. El tiempo cura las heridas que han sido desinfectadas pero desarrolla infecciones más fuertes en aquéllas que no se han lavado.

EL PERDÓN ES

el desinfectante del alma. Se equivoca quien sin perdonar espera que el tiempo borre el rencor que siente. El transcurso de los días sólo acrecentará ese dolor hasta convertirlo en amargura. El tiempo sana las lesiones del corazón que perdonamos pero infecta aquéllas en las que no lo hacemos.

Cuando decidimos perdonar intentamos borrar el salDo negativo que el otro dejó en nosotros. Finalmente quien perdona recibe la bendición más importante que cualquiera puede obtener: paz y sanidad de su alma.

El perdón debe ser específicO. Cuando vamos a perdonar debemos ser específicos respecto a quien perdonamos y por qué evento en particular. Puede parecer un asunto demasiado técnico para tratarse de algo emocional, pero la realidad es que el perdón debe ser específico. Estamos tratando con heridas emocionales y debemos desinfectarlas todas y de una en una.

El perdón es un proceso y como tal lleva tiempo para borrar las emociones que experimeNtamos. Para empezar debemos entender que el perdón no es justo. De hecho su esencia descansa en la injusticia, pues se centra en pasar por alto la falta. Por eso comenté que el proceso de restauración del alma no es fácil y requiere de madurez, humildad y fortaleza espiritual. Contrario a esto, varias sociedades enseñan que antes que el perdón debe estar la "justicia". El perdón, aunque injusto, nos permite segundas oportunidades sanas. Nos abre la puerta para disfrutar a personas que no tuvieron que ver con quienes nos ofendieron en el pasado. También el perdón funciona en las relaciones que seguimos teniendo como en el caso de los hijos o las parejas que se han lastimado y desean restaurar su relación.

El perdón es un acto de la voluntAd. Quizás este sea uno de los puntos más importantes respecto al perdón. Quien no comprende esta característica difícilmente logrará librarse del rencor y amargura que perjudican su alma. Aquí radica la naturaleza básica del acto de perdonar. Por años se nos ha enseñado que perdonar es dejar de sentir. Esta idea es errónea.

Perdonar es un acto de la voluntad que nos permite hacer a un lado la ofensa a pesar de lo que sentimos. Profesar el perdón consiste en decirle a nuestro ofensor que decidimos perdonarle a pesar de lo que nos hizo y de lo que sentimos hacia él.

El perdón es un acto de la voluntad que nos exige tomar varias decisiones y mantenerlas peRmanentemente. La primera decisión consiste en tener la firme convicción de perdonar a quien o quienes nos lastimaron a pesar de lo que sentimos. La segunda, es confesar ese perdón. Por confesarlo me refiero a hablarlo, declararlo. Bastantes personas perdonan en su mente, es decir analizan la situación y piensan el perdón, pero no lo confiesan con sus labios.

> DESCRIBE A QUIÉN O QUIÉNES VAS A PERDONAR, SU MOTIVO Y CÓMO LO EJECUTARÁS. ES CLAVE DEJARLO POR ESCRITO, PUES ES EL INICIO DE TODO.

02.

CADA RABIA
EROSIONA LA
MÁS PURA ONZA
DE AMOR.

HACER DRENAR
LAS EMOCIONES SIEMPRE
SERÁ ÚTIL Y NECESARIO

en tu equilibrio personal. Pero la forma como la hagas, marcará la diferencia.

Hay emociones a las que le podemos aplicar el ahorro, y una de ellas es la rabia. La rabia es una expresión de desahogo por una situación vivida, fundamentado en una diferencia que se tiene sobre algún aspecto con otra persona o contexto.

La mejor rabia es la que se evita hacer.

La rabia corta y de baja intensidad, si se quiere es neutral para tu salud. Pero si varia, precisamente la intensidad, y duración, entonces podemos pasar a la categoría de "Erosionar hasta el amor".

Nada de falso tiene una expresión de la sabiduría milenaria… "Hay rabias que matan".

Más que los efectos sobre la salud mental, quiero enfocarme en las consecuencias sobre la rabia para tu salud social. Una rabia con razón, no afecta a nadie. Pero cuando influyen sobre los sentimientos de otros, puede pasar a la categoría de odio.

Una rabia en un mal momento, puedo producir las siguientes transacciones tóxicas en personas que están cerca de tu vida:

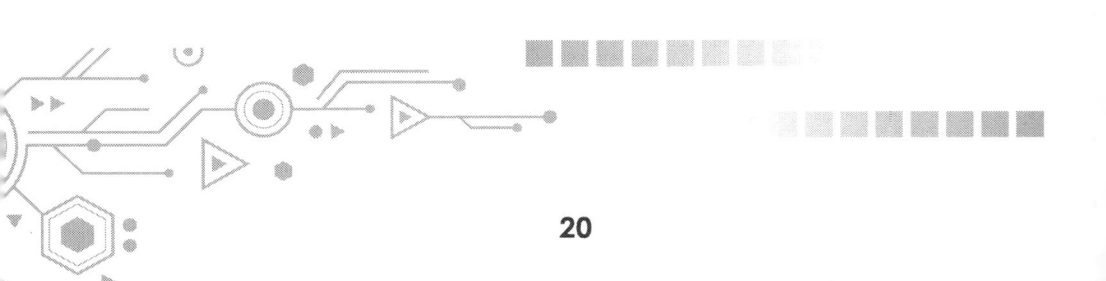

.- Te puede hacer decir la palabRa más equivocada en tu existir.

.- Aleja corazones, rompiendo la magia.

.- Al producir temor, por tus acciones y reacciones, tamBién puede fracturar la confianza.

.- Te puede llevar a la categoría de temeroso, por tus reaccIones descontroladas y desatinadas.

.- Puede producir dolor en el corazón de las Almas, llevándola a la categoría de rencor.

Normalmente cuando las rabias son desenfrenadas, casi todos los elementos mencionados se pueden activar, haciendo ello desaparecer la magia más pura de amor.

DESCUBRE LA MANERA DE CONTROLAR EL GATILLO DISPARADOR DE LAS RABIAS QUE MÁS FRECUENTAN TU VIDA. ALLÍ ESTÁ LA RECETA PARA DISMINUIR EN MÁS DE UN 85 % LOS EFECTOS DE ELLAS, SOBRE LAS PERSONAS QUE MÁS CERCA ESTÁN EN TU VIDA.

03.

ES MEJOR PREGUNTAR UNA VEZ MÁS, QUE DURAR TODA UNA VIDA ACOMPAÑADO DE LA DUDA.

LA VIDA ES COMO UN ECO...

Si no le gusta lo que recibe, presta atención a lo que emite.
Suponer es el arte de poseer información verdadera, que es falsa, media incorrecta y errónea, sólo por no validar antes.
Suponer hace más daño del que la gente se imagina. Te lleva a acciones equivocadas, te hace quedar mal, hace vivir en zozobra, te puede mantener en permanente conflicto en las relaciones y hasta producir desconfianza relacional.
El secreto de una excelente comunicación, son simplemente cuatro pasos:

1.- ESCUCHAR DE FORMA ATENTA, SIN INTERRUMPIR.
2.- PREGUNTAR Y VALIDAR EL MENSAJE ENTENDIDO.
3.- EXPLORAR E INDAGAR, PARA MINIMIZAR SUPOSICIONES.
4.- GENERAR ACUERDOS, REAFIRMANDO LO ENTENDIDO.

Aplicando estos pasos, siempre, tendrás una excelente comunicación y ninguna duda minará tu entendimiento con la vida. Siempre una pregunta adicional, para aclarar lo más mínimo, puede marcar la gran diferencia.

DESCRIBE LOS TRES COMPORTAMIENTOS QUE MÁS AFECTAN NEGATIVAMENTE TU MANERA DE COMUNICAR CON LA GENTE.

04.

EL PUNTO FINAL ES LA ÚNICA REGLA GRAMATICAL DE LA CUAL SE ENCARGA LA VIDA.

EL PUNTO FINAL EN LA VIDA,

es una analogía que se refiere al final del existir. Y ese punto, o te lo mereces por el estilo que estás llevando, o por cosas del destino. Pero todos tendremos un punto final en nuestras vidas.
Mientras no llegue ese signo gramatical, hay otros tantos, de los cuales si puedes sacar el máximo provecho para buscar emociones que endulcen cada día.
Por ejemplo, usa la coma para sumar emociones y hacer fluir sensaciones que hagan mejor las horas. Saca tu calendario diario de 8 horas, y define las 8 emociones que quieres experimentar por día.
Usa la admiración, sorprendiéndote con algo que alegre tu día.
Usa los paréntesis para encerrar esos momentos no tan agradables, que a veces oscurecen los días. Después de cada paréntesis, sigue la vida, viene lo mejor.
Pon entre comillas, algo que quieras resaltar para tu vida. Dedícate a conquistar cada sueño que te regala la dicha de existir. Recuerda que siempre hay un punto final, y nadie tiene una vida de repuesto.

PREGÚNTATE, CON SIGNOS DE INTERROGACIÓN, QUÉ TIENES QUE MEJORAR PARA DISPONER DE PUNTOS Y SEGUIDOS DE EMOCIONES.
USA EL SIGNO DE SUMAR, PARA DAR MÁS AVENTURA A LOS DÍAS; Y EL DE MULTIPLICAR, PROBANDO COSAS NUEVAS QUE COMENZARÁN EN TU EXISTIR.

05.
LA MADUREZ
SE DEMUESTRA CUANDO HACES LAS COSAS QUE CREES DEBERÍAN HACER OTROS.

TODO PUEDE ESTAR MEJOR
EN EL MUNDO, Y MÁS SI CUENTA CONTIGO.

Pero si esperas que ese cambio venga por otros, entonces no te quejes de la sorpresa que te puedas llevar.

Te puedes pasar la vida criticando al mundo, o contribuyendo en hacerlo mejor. Nada como acostarte viendo lo poquito o mucho que lograste, por hacer mejor tu mundo. Cada porcentaje de avance es lo que construye progreso. Te puedes pasar la vida esperando un mundo perfecto, o cometiendo acciones que lo hagan más ideal a tus convicciones. Solo es cuestión de iniciativa.

Desear lo hace cualquiera, pero involucrarse pocos. Demuéstrate a ti mismo la clase de compromiso que dices tener, solo modelando con el actuar lo que hablas.

Cuando haces lo correcto, aunque nadie se de cuenta ni sepa quien, todos nos beneficiaremos. Es la magia del buen proceder. Cada ejemplo de lo correcto, inspira a más alma y genera beneficios de riqueza espiritual.

NADA COMO MARCAR LA DIFERENCIA SIENDO EJEMPLO CON TUS PROPIOS VALORES. AUNQUE DIGAN QUE LOS VALORES ESTÁN EN CRISIS, SOLO TÚ PODRÁS SER EL MEJOR EJEMPLO EN MODELARLOS.

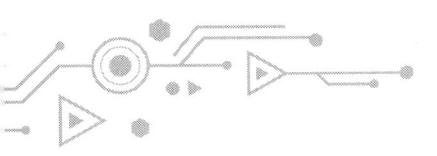

Concluyo este post con una manera de demostrar madurez CONTIGO mismo:

1.- DEMOSTRANDO EL MEJOR ESTILO DE ORDEN Y CUIDADO.

El desorden altera la tranquilidad de tu inconsciente y es un ladrón autorizado para robar tiempo.
El orden y mantener las cosas en su mejor condición es algo notable y distintivo, digno de pocas personas (aunque no lo creas).

2.- SEMBRANDO EJEMPLO DE HUMANIDAD.

Comprometiéndote con alguna causa que ayude a tu entorno. Nada mejor que sentir el sabor de saber que eres parte de algo bonito que pasa.

3.- MANTENIENDO RELACIONES DE PRIMERA CON TU ENTORNO.

Evitando…
a.- Conflictos innecesarios.
b.- Alterando negativamente el ánimo en reuniones.
c.- Haciendo cualquier tipo de escándalo.
d.- Lanzar todo lo que parezca ironías.
e.- Enganches por cualquier tontería.
La clave y secreto siempre estará en generar paz y evitar producir amarguras a los momentos.

4.- AHORRAR TU PARTE.

En el mundo hay un salvajismo de consecuencias y desastres,

desde lo ambiental hasta espiritual, por diversas razones hasta inexplicables de la mala conducta humana. Aunque es el mundo, todo puede comenzar a cambiar con tu aporte, tu consideración, tu acto de raciocinio, desde cerrar el agua del grifo cuando no es necesario, hasta corregir a alguien (en alguna conducta o acción inapropiada) cuando lo consideres necesario.

5.- CREANDO BIENESTAR.

Puedes contribuir con tu grano de arena en hacer algo que haga mejor a alguien. La vida recompensa y tiene misterios agradables en ello, aunque no es la idea, pero tarde o temprano, la vida recompensa en la misma manera que le inviertes.

6.- SEMBRANDO ALEGRÍA Y FELICIDAD.

Cuando contribuyes en sacar una sonrisa a alguien, también mucho de eso se activa en ti, generando excelentes dividendos inmunológicos y relacionales a tu alma.
Alegrar momentos es una inversión de altísimo rendimiento social.

7.- AYUDANDO SIN QUE NADIE, NECESARIAMENTE, DEBA SABERLO.

No se trata de ejecutarlo por mera obligación moral, sino por hacer mejor tu entorno universo. Son inimaginables las buenas consecuencias por producirlo.

AYUDAR GENERA...

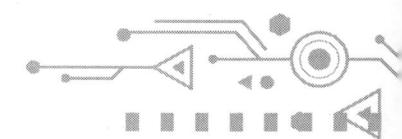

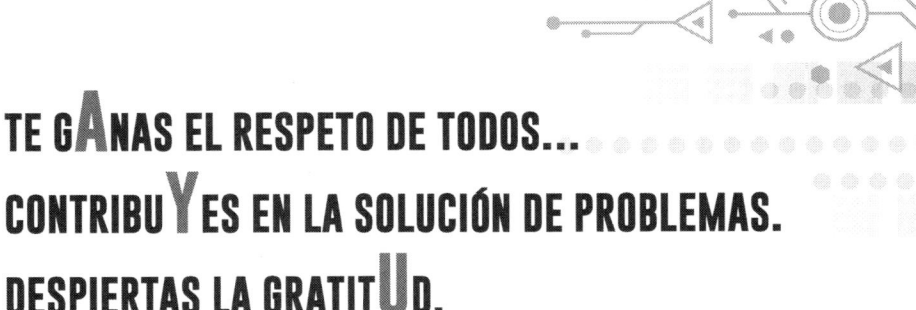

TE GANAS EL RESPETO DE TODOS...
CONTRIBUYES EN LA SOLUCIÓN DE PROBLEMAS.
DESPIERTAS LA GRATITUD.
TE HACE ADMIRABLE, AUNQUE NADIE LO SEPA TODAVÍA.
DAS EJEMPLO A MUCHOS.
HACES A OTROS MEJOR..

> DESCRIBE TU COMPROMISO POR ESE MUNDO MEJOR, QUE TANTO ESPERAS QUE OCURRA...

SEGUNDA SABIDURÍA

CUANDO TE ACOSTUMBRAS A PONER ESE "EXTRA", LO POSIBLE SE HACE NATURAL.

CUMPLIR CON LO BÁSICO NO ES SUFICIENTE COMO ESTÁNDAR.

Hay gente que lo mínimo que se pide, es lo máximo. Hay personas que buscan retar cada ángulo de su conformidad. Hay seres humanos que nunca se conforman con menos.

Cuando te acostumbras a poner un poco más de lo normal, a exigirte dentro del cumplimiento y sobrepasar resultados, algo especial comienza a suceder con tus resultados de vida, atrayendo consecuencias más allá de la excelencia.

Las personas que se acostumbran a vivir poniendo el **EXTRA** en lo que hacen, conviven con las siguientes actitudes, todos los días…

SACAN FU**E**RZA DE DONDE SEA, EN TODAS SUS RUTINAS.

SE TIENEN PROHIBIDO, ASÍ MISMO, CUALQUIER COSA QUE PAREZCA PRETE**X**TO.

DAN LO **T**ODO, A CADA COSA QUE HACEN.

HACEN MÁS DE LO ESPE**R**ADO.

SORPRENDEN SUS PROPIAS C**A**PACIDADES, CON SUS RESULTADOS DE VIDA.

Para hacer de lo más normal poner **EXTRA** a lo que haces, conoceremos la sabiduría de mis siguientes Posts, para que con sus ingredientes obtengas lo mejor de la vida:

06.- LA FRONTERA DE LO DIFERENTE COMIENZA EN EL ATREVIMIENTO CON CADA AMANECER.

07.- "QUIZÁS", TIENE EL PODER DE HACER DEL NUNCA UNA SIMPLE POSIBILIDAD.

08.- LO MÍNIMO QUE TE PUEDE PASAR CUANDO PERSIGUES LO QUE DESEAS, ES QUE LO ENCUENTRES CUANDO MENOS LO ESPERAS.

09.- EVITA QUE LO BUENO NO TE DEJE VER LO MEJOR.

10.- LAS HAZAÑAS PEQUEÑAS LE QUITAN EL ANTIFAZ A LO IMPOSIBLE.

VEAMOS
QUE APRENDEMOS DE CADA UNA DE ELLAS…

06.

LA FRONTERA
DE LO DIFERENTE COMIENZA EN EL
ATREVIMIENTO
CON CADA AMANECER.

PARA LOGRAR LO DIFERENTE EN LO QUE HACES,

se necesitan dos secretos: El primero, pensar el cómo; y en segundo lugar, atreverte. Es así de sencillo, sin buscar más complicaciones.

Para lograr lo primero, te recomiendo que leas mi libro "Creatividad Wuaitrómica para conquistar imposibles". Allí seguro aprenderás muchas técnicas y fórmulas, para construir tu propio pedigrí de la diferenciación.

Para conquistar lo segundo, te invito a leer mi protocolo ATRÉVETE, para sorprender cada amanecer con lo más espectacular para tu vida. Veamos…

1.- CADA PRIMER PASO TE DA LICENCIA PARA PRODUCIR AUDACIA Y OPORTUNIDADES.

2.- IDENTIFICA CADA ZONA DE CONFORT, QUE SIN DARTE CUENTA, YA ES ENEMIGO DE LO MEJOR PARA LOGRAR COSAS DIFERENTES EN TU EXISTIR.

3.- LA MEJOR PARTE DE LA VIDA PUEDE COMENZAR CON ESE PASO QUE SABES TIENES QUE DAR HOY EN TU VIDA.

4.- SI**É**NTETE ORGULLOSO DE LAS DECISIONES QUE SACAN MÁS BRILLO A TU EXISTIR.

5.- CADA HAZAÑA DA UN **V**ALOR ESPECIAL A LA CONFIANZA DE TU OSADÍA.

6.- DESNUDA A LA EXAGERACIÓN DE LO MALO, PARA CON TU TEMPLE, HACERLA **E**SCONDER.

7.- PON UN S**T**OP A CADA TEMOR QUE JUSTIFICA QUE NO SEAS MEJOR.

8.- NADA COMO VER LO QUE ERES CAPAZ DE HAC**E**R... ¿PARA CUÁNDO LO VAS A DEJAR?

TRASLADA ESTOS PRECEPTOS A TU ANDAR,
y seguro una magia especial comenzará a envolver tu vida.

DESCRIBE QUÉ TE GUSTARÍA HACER DIFERENTE EN TU VIDA, PARA PRODUCIR UNA ESPECIE DE RIQUEZA NUEVA Y BENEFICIOSA A TU EXISTIR...

07.

"QUIZÁS",
TIENE EL PODER DE HACER DEL NUNCA UNA SIMPLE POSIBILIDAD.

EN LA VIDA HAY PALABRAS QUE SUMAN,

restan, algunas multiplican y otras dividen. "Quizás" es un adverbio de duda que sugiere chance…

"Quizás" es una de esas palabras que suman, y otras veces multiplica. Invita a la acción, más que a la paralización. Mientras más "Quizás" lleguen a tu mente, significa una vida de posibilidad y oportunidad. Veamos por qué…

"QUIZÁS", SE CONVIERTE EN ESA INFORMACIÓN MISTERIOSA QUE ALIMENTA TU INTUICIÓN, OBLIGÁNDOTE A SEGUIR CAMINOS ASERTIVOS.

"QUIZÁS", TE AYUDE A DECIDIR Y TOMAR MEJORES DECISIONES.

"QUIZÁS", CONTRIBUYA A GENERAR ALTERNATIVAS PARA RESOLVER PROBLEMAS".

"QUIZÁS", SUENA A TAL VEZ, A CONSIDERAR LO PROBABLE, DE UNA SITUACIÓN.

"QUIZÁS" TE GENERE CONFIANZA, A PESAR DE LA FALTA DE SEGURIDAD.

"QUIZÁS", ALIMENTE LA ESPERANZA, CONDICIÓN NECESARIA EN TODAS LAS ETAPAS DE LA VIDA.

DESDE UNA DUDA, ANTE LA FALTA DE CERTEZA,

"un quizás" siempre abrirá espacios y te llenará de oportunidad. Usa esta palabra las veces que sea necesario en tu vida, para avanzar y mejorar.

DESCRIBE TRES ASPECTOS DE TU VIDA, QUE "QUIZÁS" CONSIDERES CAMBIAR, MEJORAR O ELIMINAR.

08.

LO MÍNIMO QUE TE PUEDE PASAR CUANDO PERSIGUES LO QUE DESEAS, ES QUE LO ENCUENTRES CUANDO MENOS LO ESPERAS.

PERSEGUIR LO QUE DESEAS
EN LA VIDA TIENE QUE VER CON...

PERSISTIR EN AGUANTAR HASTA LOGRAR...

PERSEV**E**RAR, HASTA EN LAS PEORES CONDICIONES...

RESISTIR A PESAR DE CUALQUIER ADVE**R**SIDAD...

DEJAR A LA RENUNCIA COMO IMPO**S**IBILIDAD...

MANTENER EL FOCO CON FL**E**XIBILIDAD ANTE LAS CIRCUNSTANCIAS...

IMPORTUNAR A TODA EMOCIÓN NE**G**ATIVA QUE QUIERA SABOTEAR TU OPTIMISMO Y POSITIVISMO.

SEG**U**IR LA PISTA DE TODO LO QUE APUNTE A TU REALIZACIÓN...

INS**I**STIR EN LUCHAR...

NUNCA PERDE**R** LA VISTA DE LA META...

PERSEGUIR LO QUE DESEAS ES NUNCA SOLTAR TUS ILUSIONES,

por más justificación o panorama de imposibilidad. Las cosas extraordinarias para ti exigen ese sacrificio extra para alcanzar lo mejor en la vida. Persistir, perseverar, resistir, jamás renunciar, mantener foco, acallar la negatividad, salirte con la tuya e insistir, son algunas de las habilidades necesarias para encontrar cuando menos lo esperas, cada sueño, cada anhelo, tus ilusiones.

DESCRIBE CUÁLES SON LAS ACTITUDES QUE DEBES REFORZAR EN TU VIDA, PARA PERSISTIR, PERSEVERAR Y RESISTIR, DE UNA FORMA MÁS EFECTIVA.

09.

EVITA QUE LO BUENO NO TE DEJE VER LO MEJOR.

LO BUENO ES FANTÁSTICO,

siempre y cuando no comience a dejar verte oportunidades de cambio positivo a tus condiciones de vida. Lo bueno es cómplice de la comodidad, el confort y la tranquilidad. Puede convertirse en un elemento anestesiante, que anule sentidos…

Es necesario permanecer ALERTA, a todo lo que pueda beneficiar tu vida, por mejores condiciones que estés experimentando en el ahora. Fíjate la reflexión ALERTA, que en su profundidad te deja ver los peligros de mantenerte en lo bueno, por más tiempo del necesario, sin reaccionar:

DORMIRTE EN LOS LAURELES.

DEJAR QUE OTROS SE ADELANTEN HACIENDO QUE SE TE COMPLIQUEN LAS COSAS.

PERMANECER DORMIDO MIENTRAS PASAN MEJORES COSAS.

EVITAR QUE TE PREPARES A LOS CAMBIOS VENIDEROS.

CONOCER NUEVAS HABILIDADES ADAPTADAS A LOS TIEMPOS ACTUALES.

PERDER EL PRIVILEGIO DE POSICIONES EN LAS QUE ESTÁS ACTUALMENTE.

AHORA SABES,
QUE LO BUENO ES BUENO,

siempre y cuando te deje ver lo bueno, del presente y futuro.

¿EN QUÉ ÁREAS DEBES REACCIONAR, PARA QUE LO BUENO NO SE CONVIERTA EN CÓMPLICE DE LO MALO EN TU VIDA?

10.

LAS HAZAÑAS PEQUEÑAS LE QUITAN EL ANTIFAZ A LO IMPOSIBLE.

TODO COMIENZA POR ALGO.

Sin ello, existe la nada, y se queda en sueño. Todo imposible se ve grande al principio, pero tiembla ante la presencia de una intención, de un gesto de atrevimiento. Por eso nada es pequeño cuando se trata de iniciar algo.

Una hazaña es como el iceberg, arriba se ve solo una parte de todo lo que lo constituye. Pero hazaña es hazaña. Para encaminarte en ello, tienes que entender sus siguientes principios…

TODA REALIDAD SE HACE MATERIAL CON EL PRIMER PASO.
TODO LO GRANDE, A VECES COMIENZA CON LO MÍNIMO.
LA FIRMEZA CON TESÓN, DOS PIEZAS DEL ROMPECABEZAS DE LO INALCANZABLE.
EL VALOR, LE DA TEMOR A LO DIFÍCIL.
UN SUEÑO PUEDE SER EL PREDECESOR DE LO FANTÁSTICO.
PENSANDO QUE PUEDES, CADA DÍA, SE CONSTRUYEN PROEZAS.

COMIENZA CON LO QUE SEA,

y por donde sea, conviértete en ese faro que alumbra el caminar. Todo lo que falte es otra historia, pero cada comienzo tiene la suficiente categoría de llegar hasta un imposible.

> ¿POR DÓNDE TE GUSTARÍA COMENZAR ESE GRAN SUEÑO, QUE HOY TIENE CATEGORÍA DE IMPOSIBLE?

●●● TERCERA SABIDURÍA

DEJA DE SANGRAR POR ESPINAS QUE SOLO ESTÁN EN TU MENTE.

MUCHAS VECES SIN QUERER NOS HACEMOS DAÑO,

sin saberlo. Son como atentados silenciosos que haces a tu mente y alma. Por eso las llamo espinas, pues son pensamientos o acciones que dejan nada de beneficio en tu vida, o peor aún traen consecuencias negativas a tu existir.
Por espinas me refiero a pensamientos que…

1.- NO ATRAEN NADA BUENO, A TU REALIDAD.
2.- EXAGERAN DE MÁS LAS SITUACIONES.
3.- TIENEN VALOR SUPERFICIAL EN SACRIFICIOS A REALIZAR ANTE DIFICULTADES.
4.- CARENCIA TOTAL DE ESPERANZA.
5.- PROYECTAN IMÁGENES NEGATIVAS Y PROBLEMÁTICAS.
7.- SOLO VEN LO MALO DE LO MALO, DE LO MALO.
8.- GENERAN INSEGURIDAD Y ABANDONO.

Hay que saber poner en su lugar a estos pensamientos, para que dejen de secuestrar tus posibilidades y te hagan ver la realidad con brillantez sensata.

Para combatir esas espinas, vamos a conocer la sabiduría de mis siguientes Posts, para dar un valor diferente a tu vida:

11.- PENSAR QUE NO PUEDES, DECLARA LA MUERTE DE TODAS TUS OPCIONES, INCLUSIVE LAS MEJORES Y ÚNICAS.

12.- LA OSCURIDAD O BRILLANTES DE LAS COSAS ESTÁ MÁS DENTRO DE TI, QUE AFUERA.

13.- LO QUE PIENSAS ES UNA VOZ CON SILENCIO QUE HABLA A TRAVÉS DE TUS ACTOS.

14.- LO ÚNICO SEGURO EN LA VIDA, ES QUE NO HAY NADA SEGURO.

15.- REGALA TU MEJOR CARA A CADA DÍA QUE CONOCES, PUES ES COMO UN AMIGO QUE PERMITE COMPARTIR LO MEJOR DE LA VIDA.

VEAMOS
QUE APRENDEMOS DE CADA UNA DE ELLOS...

11.

PENSAR QUE NO PUEDES, DECLARA LA MUERTE DE TODAS TUS OPCIONES, INCLUSIVE LAS MEJORES.

EL CEREBRO RECIBE INFORMACIÓN DE MÚLTIPLES FUENTES.

De sus órganos vitales, del pensamiento consciente, y también del pensamiento inconsciente. Los pensamientos son una fuente de pureza o contaminación para tu alma. De allí la importancia de saber escogerlos, para que hagan eco en tu caminar.

Cuando piensas que no puedes, es una señal inequívoca a diversos órganos de tu cuerpo, células, y por supuesto el cerebro. Es como si ordenaras el cierre de la llave de fuerza que se necesita en momentos determinados, para aguantar, dar un extra o resistir la neblina que te impide ver con claridad el panorama.

Es clave en la vida eliminar para siempre esta postura de deuda egoísta, caprichosa y mal intencionada, pues el 100 por ciento de las veces busca limitarte, bajarte las fuerzas y convencerte de algo que no eres.

APLICA INTELIGENCIA A TUS EMOCIONES,

al reemplazar esta maniobra de tu mente, por otras posturas y expresiones diferentes:

¿QUÉ PASARÍA SI... AGUANTO UN POCO MÁS?
CONSTRUYE TU HISTORIA CON LA MAYOR CANTIDAD DE ATREVIMIENTOS...
A VECES PERDIENDO, SE GANA MÁS...
HOY ES EL MOMENTO DE DEMOSTRARME LO QUE TENGO POR DENTRO...
ESTE ES EL MOMENTO DE DAR TODO...

YA SABES QUE DEBES APLICAR INTELIGENCIA POSITIVA A TU MANERA DE AFRONTAR LAS DIFICULTADES, ADVERSIDADES Y RETOS. DESCRIBE ESAS ACTITUDES QUE TOMAS, Y QUE COMPLICAN DECISIONES Y DIFICULTAN EL AVANZAR DE TU VIDA.

12.

LA OSCURIDAD O BRILLANTES
DE LAS COSAS ESTÁ MÁS DENTRO DE TI, QUE AFUERA.

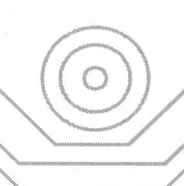

LA ELECCIÓN EN LA VIDA

siempre estará en tu poder, hoy, mañana, cuando toque. Ver cosas buenas en lo malo, o cosas malas en lo bueno, siempre será tu elección; también es parte de tu inteligencia.
Cuando decides ver la oscuridad, todo se tornará gris en tu vida. Verás muchos peros, quejas y exageraciones.
En cambio cuando decides ver el brillo, aún en la oscuridad, todo se reflejará, pudiendo encontrar caminos o pistas de salida. Atraerás todo lo que se parece a ti.
Para ver más BRILLO que oscuridad, te recomiendo poner en práctica los siguientes postulados:

CON SOLO OPTIMISMO YA TIENES CASI EL 50% DE POSIBILIDAD DE TRIUNFAR.

AÚN CON NUBES GRISES Y NEGRAS, EL ARCO IRIS SIEMPRE SE VE EN COLORES.

LA OSCURIDAD SOLO SE JUNTA CON LA FATALIDAD, EL TEMOR, LA ANGUSTIA Y LA MELANCOLÍA. NINGUNA DE ESAS PALABRAS ALIMENTA LA DETERMINACIÓN.

LA ETERNIDAD SOLO TE REGALA UN MINÚSCULO CENTELLO DE LUZ, COMPARADO CON LO QUE DURA. EVITAR PERDER EL TIEMPO DE BRILLO.

CADA PALABRA DE OPORTUNIDAD VIBRA EN UNA RESONANCIA QUE SOLO CONOCE LA FELICIDAD.
HACIENDO POR LA CAUSA, LA ESPERANZA SIEMPRE TE REGALARÁ ALGO DE SUS SORPRESAS.

Cada letra seguro te regalará la fórmula necesaria para llevar la vida con

LA MEJOR SABIDURÍA Y PROPÓSITO RESPONSABLE.

DESCRIBE QUÉ TE GUSTARÍA HACER EN TU VIDA, PARA MINIMIZAR CUALQUIER ESPACIO DE OSCURIDAD QUE NO TE DEJE BRILLAR.

13.

LO QUE PIENSAS ES UNA VOZ CON SILENCIO QUE HABLA A TRAVÉS DE TUS ACTOS.

PENSAR ES

una de las maneras de conversar en tu vida. Así como lo haces con tus amigos, familiares y desconocidos, tu mente es uno más de ellos. Sólo que quizás, es con él que conversas más, discutes, dudas y hasta peleas, aunque no lo sepas. De allí la importancia que sea objetivo, constructivo y esperanzador.

En ese pensar inviertes tiempo, y también, más del que te imaginas. Por ello la importancia de lograr tener contacto real con tu mente, en todo momento. Si te descuidas te puede hacer de sus jugadas, como la exageración, desesperanza, pesimismo, por decir algunas de ellas.

TODO PENSAMIENTO

genera resonancia vibracional en tus células, órganos y por supuesto, la sangre. Es clave mantener un equilibrio positivo y optimista, sin exageraciones, en las buenas; y con control en las malas. Es allí donde hay que comandar tu pensamiento, pues se puede desbarrancar por los acantilados.

Aplica **VOZ** de buena vibra a tus días, para que el balance te impulse en la vida:

1.- ACALLA INMEDIATAMENTE, CADA VESTIGIO DE NEGATIVIDAD Y FALTA DE ESPERANZA; ELLO SOLO COMPLICAN Y EXAGERAN LOS MATICES DE UNA REALIDAD. APLICA LiVIANDAD A CADA REALIDAD PARA QUE SEA MÁS SENCILLO AFRONTARLAS.

2.- SIGUE EL SONAR DE TU INTUICIÓN OPTIMISTA, PARA QUE TENGA LA RESONANCIA EN TU ACTUAR Y LAS CONSECUENCIAS IMPULSEN TU ANDAR.

3.- ANALIZA TUS CIRCUNSTANCIAS EN TODAS LAS PARTES QUE PUEDAS DESCOMPONER, PARA BUSCAR RESPUESTA Y SOLUCIÓN, A CADA DIFICULTAD. ES MÁS SENCILLO SALIR DE ELLAS, RESOLVIENDO DE MENOS A MÁS. ESTO EVITARÁ SITUACIONES DE AHOGARTE EN UN VASO DE AGUA. ES CLAVE BAJAR LA IMPORTANCIA AL PROBLEMA, ENFOCÁNDOSE EN LAS SOLUCIONES.

DESCRIBE QUÉ TE GUSTARÍA MEJORAR EN TU ESTILO DE HABLARTE A TI MISMO, TODOS LOS DÍAS...

14.

LO ÚNICO SEGURO EN LA VIDA, ES QUE NO HAY NADA SEGURO.

HAY UNA VERDAD DE LA QUE NADIE SE SALVA, ES SEGURO:

MORIRÁS CON UN PUNTO Y APARTE, ALGÚN DÍA.
VIVIRÁS UNA SOLA VEZ.
TODO LO QUE PIENSES GARANTIZA LA FORMA A TU FUTURO.
NADIE TIENE UNA VIDA DE REPUESTO.
TIENES UNA SOLA VIDA PARA ATREVERTE A LO QUE QUIERAS.
LA MAYOR RIQUEZA QUE TE PUEDES LLEVAR SON EXPERIENCIAS.

SEGURO ES SEGURO, pero para nada te debe afectar. Lo debes aceptar como un punto de inspiración para…
Exprimir cada día en su máxima expresión.
Propiciar tu suerte con inteligencia. Si te quedas sentado esperando que la suerte llegue, seguro lo único que cosecharás son "Arrugas". Hay que exponerse, tienes que conectarte con áreas de oportunidad atípicas, conocer gente diferente y aprender cosas interesantes.

LA EDAD SIGNIFICA MANTENERTE ACTIVO HASTA SIEMPRE.

Todo lo que hagas en esta vida será ganancia, experiencia y escalón para el éxito que desees construir. Sería un desperdicio desaprovechar cada segundo que nos regala la dicha comparado con la eternidad que tendremos para hacer nada.
Nada tan espectacular como llevar tus cosas a otro nivel.
Tienes que saber ganar con lo que te toque.
El reloj sigue andando, hagas o no hagas, y cada día que pasa es un paso hacia el más allá.

CON LA REFLEXIÓN SEGURO, CONSTRUYE UNA FILOSOFÍA DE DOS LÍNEAS, QUE SIMBOLICE UNA PROMESA DE ACCIÓN PERMANENTE ANTE TU VIDA. SE COMPORTARÁ COMO UN TALISMÁN ACOMPAÑANTE, EN LAS BUENAS Y EN LAS MALAS.

15.

REGALA TU MEJOR CARA A CADA DÍA QUE CONOCES, PUES ES COMO UN AMIGO QUE PERMITE COMPARTIR LO MEJOR DE LA VIDA.

CADA DÍA QUE REGALA LA VIDA ES UN MILAGRO.

Por lo tanto, desde su segundo cero el compromiso por dar honor a esta experiencia debería ser especial. Hay muchas formas de hacerlo, por lo que comparto una a mi estilo, regalando para ti una idea de cómo hacerlo. Desde que te das cuenta que comienza un día nuevo, o amaneces por la mañana, puedes decirte a ti mismo afirmaciones que resonarán positivamente en tu mente y programarán tu andar de manera diferente. Puedes afirmar que cada día REGALA un obsequio para tu vida:

AGRADECE EL DÍA DE HOY, SÓLO ES UNA VEZ EN LA VIDA. UN DÍA COMO ÉSTE SERÁ ÚNICO Y MÁS NUNCA SE REPETIRÁ EN TU HISTORIA.
NO ERES RESPONSABLE DE LA CARA QUE TIENES… PERO SI DE LA CARA QUE PONES. ES GRATIS PONER TU MEJOR CARA ANTE LA AVENTURA DE CADA DÍA.
HOY ES EL MEJOR DÍA DEL AÑO; NUNCA ANTES LO HABÍAS VIVIDO.
CADA DÍA TIENE UN PUNTO FINAL. TU PONES LAS COMAS QUE REQUIERAS PARA HACER DE CADA HOY, LA MEJOR HISTORIA.
PENSAR QUE ALGO BUENO PASARÁ HOY, HACE MÁS SUAVE CUALQUIER COSA DIFERENTE QUE SUCEDA.

INVENTA TU MEJOR MANERA

para encarar los días con una estupenda disposición y actitud. Funciona de manera maravillosa, pues acompaña tu emotividad y hasta puede filtrar situaciones negativas que sucede en los días.

> DESCRIBE TU FÓRMULA REGALA PARA LOS DÍAS, Y PRUÉBALA PARA QUE VEAS SU RENDIMIENTO.

CUARTA SABIDURÍA

DEJA QUE EL EXCESO DE HACER MENOS SEA TU MEJOR PROMEDIO DE VIDA.

PARA LOGRAR MÁS DE LO NORMAL,

conquistar sueños, volver realidad anhelos; algunas cosas que tienes que hacer deben sobrepasar comportamientos y actitudes más allá de lo que se considera promedio. Aunque cada quien va por la vida a su velocidad, ir a MENOS tiene algunas características:

1.- DAS LO BÁSICO, PARA QUE LO NORMAL FUNCIONE EN TU VIDA.

2.- DEJAR ESCAPAR OPORTUNIDADES, CASI POR INSENSIBILIDAD ASPIRACIONAL.

3.- LO QUE PERSIGUES AGREGA POCO, O NADA, DE VALOR A TU PROPÓSITO.

4.- TU ESFUERZO SOLO SE CONECTA CON LAS URGENCIAS.

5.- OLVIDAR, RETRASAR, ADELANTAR; LO VES COMO NORMAL.

6.- TE IMPORTA MUY POCO LAS CONSECUENCIAS POR ESOS ACTOS.

Estos factores descritos son solo un ejemplo. Podemos hacer cientos de combinaciones, para hacer entender lo que es andar por la vida con exceso de menos.
Para mejorar el contexto de este tipo de situación, en la vida de cualquier persona y que ello repercute positivamente, revisa la sabiduría de mis siguientes posts:

16.- LAS COSAS QUE SE QUIEREN, SÓLO SE ALCANZAN CUANDO UNO CORRE TRAS ELLAS.

17.- AUNQUE DISTRAIGAS TUS OBLIGACIONES Y POSPONGAS TUS DECISIONES, EL TIEMPO ACUMULA

18.- HAY COSAS PEQUEÑAS QUE CONSTRUYEN GRANDEZA.

19.- A VECES HAY QUE DAR MÁS NO SOLO PARA RECIBIR LO QUE FALTE, SINO PORQUE ES LO MÍNIMO QUE HAY QUE DAR.

20.- HAY UN COMBUSTIBLE CUYO OCTANAJE ES INFINITO, SENTIR ALEGRÍA POR TUS LOGROS. SON EL IMPULSO PARA PROSEGUIR HASTA POR LAS METAS INALCANZABLES.

VEAMOS
QUE NOS ENSEÑA CADA UNO DE ELLOS...

16.

Las cosas que se quieren sólo se alcanzan cuando uno corre tras ellas.

LO MEJOR **NUNCA LLEGA SOLO.**

Necesita de ayuda, o por lo menos de algo, para que venga con todas sus consecuencias.

En este pensamiento hay algo clave que no se ve: "Querer cosas". El que no desea, vive lo mismo todos los días.

Desear, soñar, anhelar, querer, son verbos con predicados fabulosos. Suena lógico y evidente, pero muchas personas no desean, anhelan poco, sueñan bajo y quieren nada. Así como lo lees.

En días recientes, sostuve una conversación con Carlos Coste, campeón mundial del deporte de la apnea (poseedor de 4 Records Guinness y más de 12 marcas mundiales), donde una de las preguntas que le hice fue:

¿CUÁL ERA SU RECETA COMO ATLETA EJEMPLO MUNDIAL, PARA TENER COMPROMISO ÉPICO EN LA VIDA?

Desarrollando su respuesta, comentó: "La mayoría de la gente no cree posible realizar sus sueños, perseguirlos hasta sus últimas consecuencias". No importa el porcentaje, pero tiene mucha validez su comentario.

Todo comienza por un deseo, pero verdadero, para poder correr tras ellos. Todo lo grande comienza con un solo primer paso y se sostiene con todos los demás que sean necesarios.

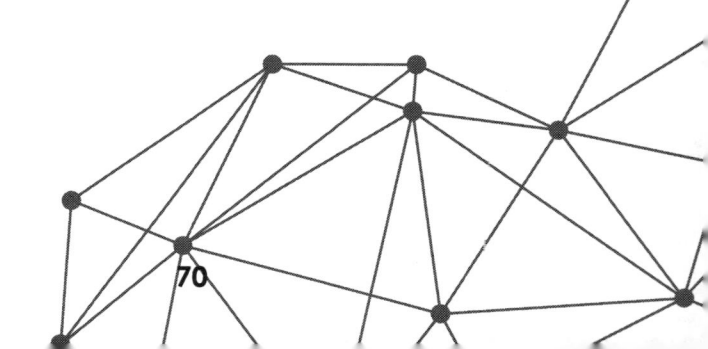

ES BUENO CONOCER EL HALLAZGO QUE COMPARTO,

para que cuando tengas tu sueño, o un deseo importante, corras tras ellos sin importar lo que depare. Sólo así se consiguen las cosas, y te conviertes en merecedor de todo lo que anhelas.

> DESCRIBE CUÁLES SON ESAS COSAS QUE NO TE DEJAN IR HASTA CONQUISTARLAS, QUE TE IMPIDEN TENER MÁS DE LO QUE CREES TE MERECES.

17.

AUNQUE DISTRAIGAS TUS OBLIGACIONES Y POSPONGAS TUS DECISIONES, EL TIEMPO ACUMULA SUS FACTURAS.

LA RESPONSABILIDAD

es la mejor garantía para mantener el éxito. Aunque el tiempo pase, el deber es deber; y lo correcto no exime ningún paso.
Vivir en modo DISTRAIDO, trae consecuencias y muy pocos dividendos; yo diría que cero…

CADA URGENCIA TIENE ALTA DOSIS DE DESCUIDOS.

A VECES LO QUE MÁS POSPONES ES LO QUE MÁS NECESITAS HACER. POSPONER NO RESUELVE NINGÚN PROBLEMA.

LA VIDA ES COMO UN ECO, LO QUE ENVÍA REGRESA; LO QUE DAS, RECIBES; LO QUE SIEMBRAS COSECHAS; Y LO QUE VES EN LOS DEMÁS, EXISTE EN TI.

RAIMUNDO LULIO, ESCRIBIÓ UNA VEZ: "LA PEREZA ES EL HÁBITO POR EL CUAL EL HOMBRE SIENTE FLOJERA DE HACER LO BUENO Y EVITAR LO MALO".

HAY GENTE QUE PIENSA: SI LO PUEDES RESOLVER AHORA, MEJOR LO HACES MAÑANA.

LA INTELIGENCIA ES UN PROCESO CÍCLICO. CUANDO TE PASAS DE LISTO VUELVES A EMPEZAR A SER TONTO.

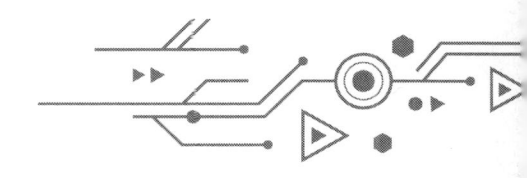

SÉNECA AFIRMÓ UNA VEZ: "MIENTRAS ESTAMOS POSPONIENDO LAS COSAS, LA VIDA SE DA PRISA".

CADA DESCUIDO COMPLICA TU VIDA, Y FACILITA LA DE OTROS.
SI YA SABES LO QUE TIENES QUE HACER Y NO LO HACES, ENTONCES ESTÁS PEOR QUE ANTES. HAY PERSONAS QUE DICEN: HOY ME LEVANTÉ CON GANAS DE ACOSTARME. NO ES FLOJERA, AHORRO ENERGÍA PARA LA VEJEZ.

COMO PUEDES DARTE CUENTA, VIVIR EN MODO URGENCIA, posponer cosas, demostrar perezas y flojeras, descuidos, y quien sabe más, trae solo complicaciones, retrabajo, imperfecciones; y nada de eso asegura éxito. Por el contrario, oscuridad y anonimato.
El tiempo siempre acumulará facturas por no hacer lo que debes hacer, cuando es, como es y con quién. Reflexiona y acomoda lo necesario en tus rutinas, para tener mejores dividendos de vida.

APRENDE A ESCOGER LO QUE APORTE A TU VIDA, Y NO LO QUE DESTRUYA TUS OBJETIVOS. DESCRIBE QUÉ DEBERÍAS HACER EN TU VIDA, PARA EVITAR DISTRACCIONES QUE COMPLIQUEN TUS PROMESAS Y RESULTADOS.

18.

HAY COSAS

QUE CONSTRUYEN GRANDEZA.

MUCHAS VECES LA GRANDEZA

parte de lo mínimo, o de un simple primer paso. Hay mucha gente que quiere la gloria sin pagar el correcto precio. A veces exige hasta los céntimos.

Para dejar que el esfuerzo sea tu mejor promedio y se convierta en la GRANDEZA que te mereces, trata de aplicar en tu vida los siguientes consejos:

NO HAY ATAJOS PARA LLEGAR A LUGARES QUE REALMENTE MERECEN LA PENA.

PARA QUE QUEDE MENOS, SIEMPRE TIENES QUE DAR MÁS.

LA MÍNIMA CONSTANCIA, SUMADA; MULTIPLICA.

LO QUE HAGAS TODOS LOS DÍAS IMPORTARÁ MÁS QUE LO QUE HAGAS DE VEZ EN CUANDO.

LAS DECISIONES AYUDAN A COMENZAR; LA DISCIPLINA TE AYUDA A TERMINAR.

DONDE TERMINA EL ESFUERZO, COMIENZA EL FRACASO.

CADA ADELANTO, DIBUJA MÁS FÁCIL EL COMPLETAR UN ROMPECABEZAS.

HAY SACRIFICIOS QUE SE CONVIERTEN EN TUS MAYORES LOGROS.

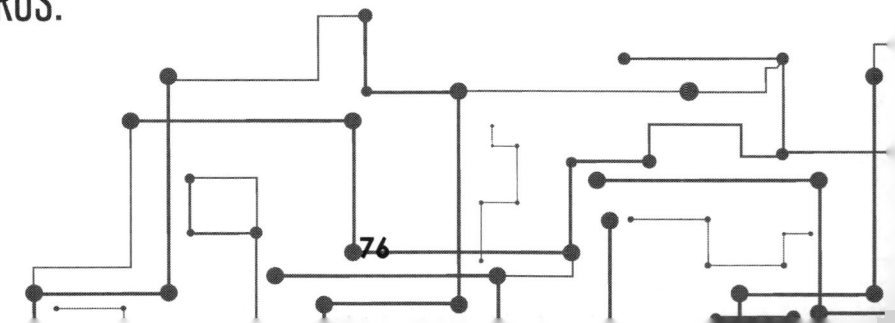

YA DEJA DE ESPERAR Y LÁNZATE;

comprométete en ser tu mejor versión. Si sigues esperando a un momento mejor, quizás sea tarde.

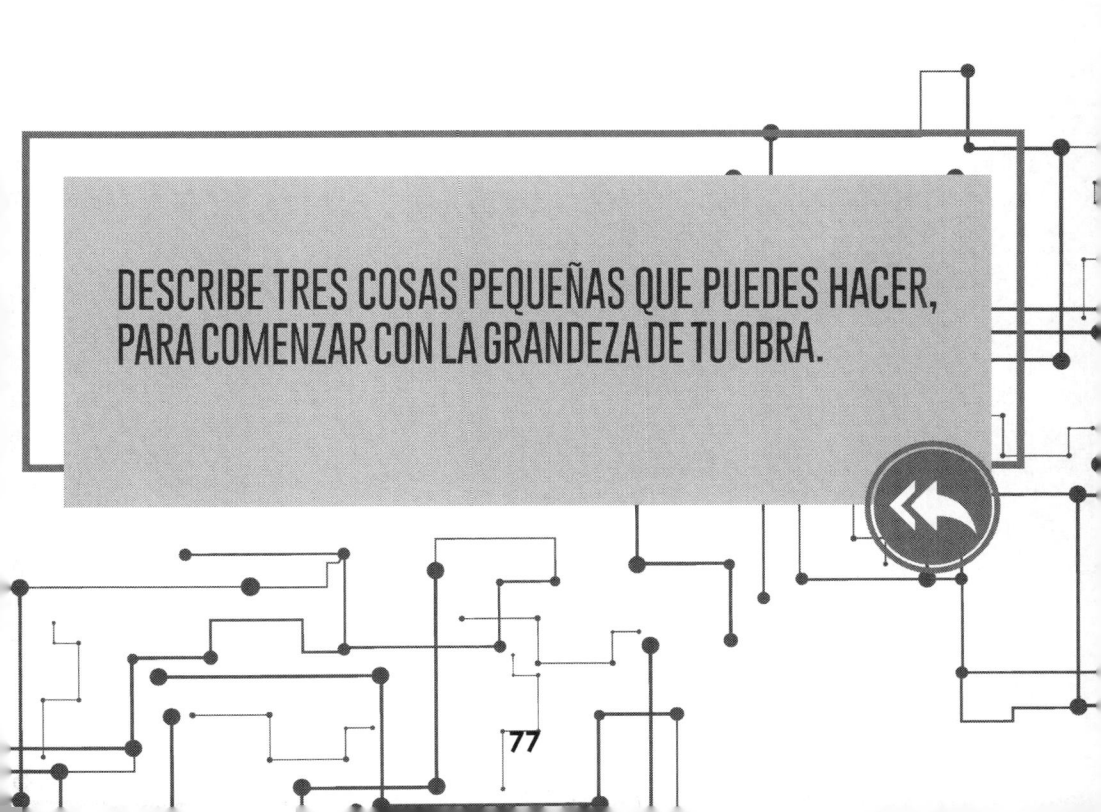

DESCRIBE TRES COSAS PEQUEÑAS QUE PUEDES HACER, PARA COMENZAR CON LA GRANDEZA DE TU OBRA.

19.

A VECES HAY QUE DAR MÁS NO SOLO PARA RECIBIR LO QUE FALTE, SINO PORQUE ES LO MÍNIMO QUE HAY QUE DAR.

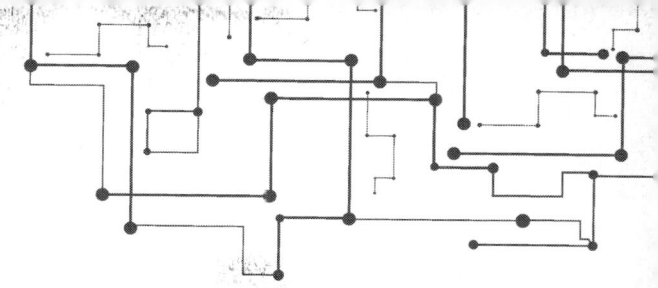

DAR MÁS ES UN TÉRMINO

que seguro hemos escuchado en toda nuestra vida. Depende de cada personalidad y contexto de vida. Pero si siempre estás en modo "Dar Más" quizás coseches sus frutos en forma permanente.

Hay una colección de términos, que se usan en la vida, el deporte y los negocios. Sería muy interesante si los activas todos en tu rutina diaria. Quizás grandes cosas podrían pasar, sin darte cuenta. Veamos un ejemplo de lo que puede significar DAR MÁS en tu vida…

PON EL MÁXIMO EMPEÑO EN LO QUE HACES, PARA QUE SIEMPRE QUEDE LO MÍNIMO MAÑANA.
UN EXTRA SIEMPRE FAVORECE AL FUTURO.
EL PLUS SIEMPRE SORPRENDE A LO ESPERADO. Y MÁS SI ES PLUS ULTRA.
SI EL MUNDO ESTÁ MUY OSCURO, ILUMINA TU PARTE.
LA DIFERENCIA ENTRE UNA VIDA ORDINARIA Y UNA EXTRAORDINARIA ES SOLO UN EXTRA.
LA MISMA AGUA HIRVIENDO QUE ABLANDA LA PAPA, ES LA QUE ENDURECE EL HUEVO. SE TRATA DE QUÉ ESTÁS HECHO, NO DE LAS CIRCUNSTANCIAS. NO HAY NADA QUE PUEDA EMPLAZAR EL CORAJE DE DECIR ¡SÍ PUEDO!

¡SÍ PUEDO!

Cuando dar más es lo menos que puedes hacer todos los días, los retos serán uno más, los obstáculos algo pasajero y el éxito permanecerá en tu existir.

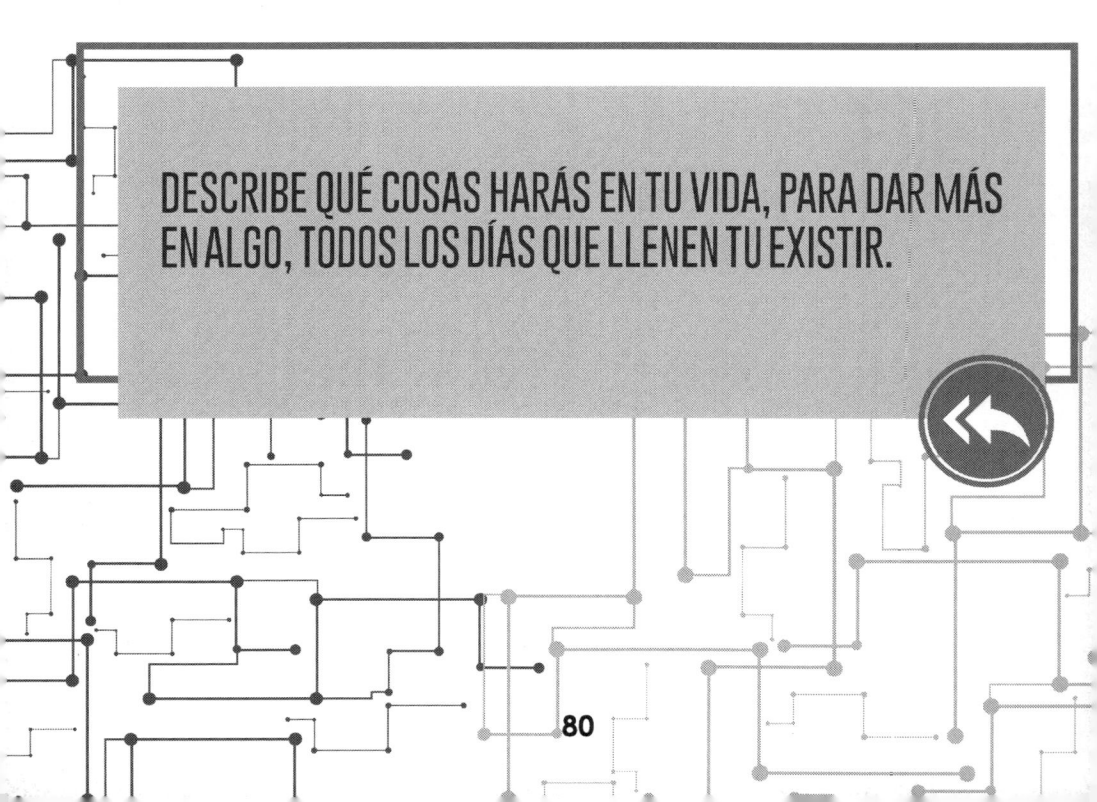

DESCRIBE QUÉ COSAS HARÁS EN TU VIDA, PARA DAR MÁS EN ALGO, TODOS LOS DÍAS QUE LLENEN TU EXISTIR.

20.

SENTIR ALEGRÍA
POR TUS LOGROS.

SON EL IMPULSO PARA PROSEGUIR HASTA POR LAS METAS INALCANZABLES.

PEQUEÑOS LOGROS DIARIOS,

convierten a cualquier día en semana. De allí la importancia de tener sueños, metas y anhelos en la vida. Suena fácil escribirlo, pero hay mucho misterio en ello.

Cuando las metas forman parte de tu plenitud, el propósito responsable se hace presente. Aunque tengas algo o mucho de rutina en tus días, también te dedicas a las cosas que dan una emoción y vibra especial al andar. Es de este modo que puedes sentir la sensación y el placer de los siguientes verbos:

ALCANZAR
RESOLVER
PROGRESAR
DESEAR
CONQUISTAR
SUPERAR

LOS LOGROS PUEDEN SER PEQUEÑOS, MEDIANOS Y GRANDES.

Todos dan energía a los días y regalan la sensación que estás vivo en este planeta.
Busca, todo el tiempo, como conectarte a logros, pues ellos indican que tanto estás exprimiendo la vida y descubriendo su verdadero sabor.

DESCRIBE LOS LOGROS SEMANALES QUE DAS A TU VIDA Y QUE ALEGRAN LOS DÍAS.

QUINTA SABIDURÍA

MAÑANA
SERÁ MEJOR, SI HOY ES EL DÍA QUE TE ATREVES.

MUCHAS PERSONAS ESPERAN QUE LAS COSAS, en sus vidas, mejoren por una especie de encanto televisivo, o de redes sociales. Lo cierto es que la suerte existe, pero es una lotería. Quizás te llegue algún día... Pero también, posiblemente nunca.
Pero para que mañana sea mejor, cada hoy te debes atrever. Atrever tiene que ver muchas cosas, pero deseo hacer énfasis en las siguientes:

1.- A VECES ES NECESARIO QUE LA VIDA NOS SACUDA CON TODAS SUS FUERZAS PARA DARNOS CUENTA QUE EL TIEMPO QUE NOS QUEDA NO ES PARA MALGASTARLO.
2.- NO ACEPTES MENOS SOLO PORQUE "PEOR ES NADA". RECONOCE CUÁNTO VALES Y TEN EN CUENTA QUE MERECES LO MEJOR.
3.- PARA ALCANZAR ALGO QUE NUNCA HAS TENIDO, TENDRÁS QUE HACER ALGO QUE NUNCA HICISTE.
4.- NO SIEMPRE PUEDES ESPERAR AL MOMENTO PERFECTO. A VECES TIENES QUE AVENTURARTE Y SALTAR.
5.- SI LO QUE DESEAS NO VIENE HACIA TI, USA EL PLAN VE.
6.- A VECES NO HAY PRÓXIMA VEZ. A VECES ES AHORA O NUNCA.
7.- BUSCA LA MANERA DE ROMPER TUS PROPIAS LIMITACIONES.

Cualquier gloria que desees alcanzar en la vida viene de atreverse a comenzar. Por ello busca reflexionar sobre la sabiduría de mis siguientes posts:

21.- HAY MOMENTOS EN LA VIDA EN QUE HACER LOCURAS ES LO MÁS CUERDO DE TU EXISTIR.

22.- LAS RELACIONES PERFECTAS NO EXISTEN. LO QUE SÍ EXISTE SON PERFECTOS ESFUERZOS POR CONSTRUIR MEJORES RELACIONES EN CADA TRAYECTO DE TU VIDA.

23.- CADA LOGRO, AUNQUE SEA EL MÁS MÍNIMO, SIEMPRE INDICA QUE VAS POR BUEN CAMINO.

24.- PERSEGUIR MOMENTOS QUE TE DEJEN SIN ALIENTO, ES EL MEJOR ALIENTO QUE POCOS SE ATREVEN A PERSEGUIR.

25.- DAR EL PRIMER PASO, HACE QUE QUEDE MENOS.

VAMOS A CONOCER
QUE MENSAJE Y SABIDURÍA, NOS DEJA CADA UNO DE ELLOS.

21.

HAY MOMENTOS EN LA VIDA EN QUE HACER LOCURAS ES LO MÁS CUERDO DE TU EXISTIR.

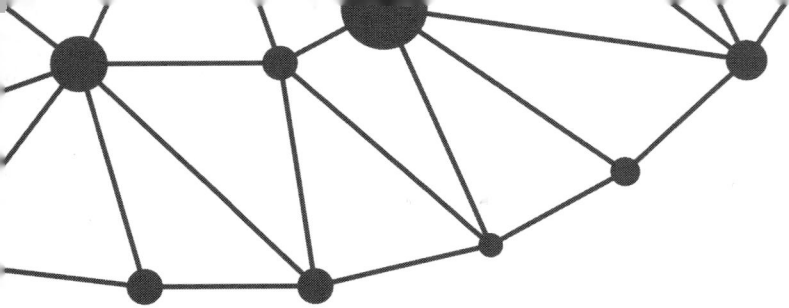

A VECES LA VIDA SE MERECE

un giro de locura, para provocar serias consecuencias positivas a ella. No se trata de hacer cualquier cosa, para obtener mediocres resultados, sino por el contrario buscar que pasen cosas que aumenten la riqueza general de tu vida y de atraer consecuencias que la beneficien. Hacer una LOCURA puede que busque…

CAMBIA ALGO QUE YA NO LLENE DE INTENSIDAD LOS MOMENTOS, LLEGANDO SU HORA DE DESECHARLO.

PROVOCA COSAS ABSURDAS, QUE GENEREN EXPERIENCIA ATÍPICAS.

PREPARA EL COMIENZO DE NUEVOS CAPÍTULOS.

TIENTA LAS RUTINAS, PARA DESCUBRIR COSAS NUEVAS QUE PUEDES EXPERIMENTAR.

PRUEBA ALGO DIFERENTE, QUE DÉ EMOCIONES NUEVAS A TU EXISTIR.

EN ALGÚN MOMENTO TENDRÁS QUE ANALIZAR HACER UN BORRÓN Y CUENTA NUEVA.

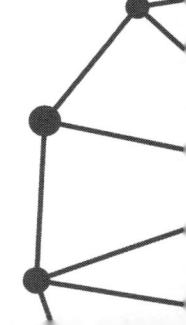

Por algún lado tienes que comenzar para experimentar nuevas sensaciones y ver experiencias alentadores en tu existir. Un secreto es aplicar una matriz de provocación, para obtener resultados donde menos te imaginas, donde crees que nunca y por donde menos lo esperas.

PUEDES PROBAR LOCURA
QUE SEGURO ALGO CUERDO TE DARÁ Y ENRIQUECERÁ CON BIENESTAR TU VIDA.

DESCRIBE QUÉ LOCURA TE GUSTARÍA EXPERIMENTAR, PARA PRODUCIR RIQUEZA INESPERADA Y PROBAR SABORES NUEVOS DE VIDA.

22.

LAS RELACIONES PERFECTAS NO EXISTEN. LO QUE SÍ EXISTE SON PERFECTOS ESFUERZOS POR CONSTRUIR MEJORES RELACIONES EN CADA TRAYECTO DE TU VIDA.

MUCHO SE HA ESCRITO SOBRE ESTE TEMA,

tan importante para la rutina de vida. Las relaciones aplican a todo nuestro ámbito, tanto desde el punto de vista personal, como social.
Voy a recomendar cinco aspectos que siempre podrás tener en cuenta en tu vida, para que las relaciones sean más equilibradas y positivas:

1.- LAS RELACIONES PERFECTAS NO EXISTEN. Lo que si puede pasar es que reconozcamos los problemas y dificultades que puedan pasar, para poner disposición en minimizarlas y controlarlas.

2.- LAS RELACIONES PERFECTAS NO EXISTEN. Todas las personas son diferentes, suena trivial, pero no muchas veces nos damos cuenta de ello. La diferencia entre las personas, puede llegar al extremo de lo incompatible. Al conocer este dato, puedes obtener un ajedrez de situaciones, acciones y hasta conversaciones, que debes evitar o propiciar en tus relaciones. Buscar empatía es más fácil cuando eres consciente por donde hacerlo.

3.- LAS RELACIONES PERFECTAS NO EXISTEN. El proceso de que el equilibrio se mantenga es permanente. Descuidos producen conflictos, lo que desgasta innecesariamente las relaciones. La gente no cambia tan rápido, y lo que se busca es el encaje entre dos partes, donde ambas se sientan literalmente bien.

4.- LAS RELACIONES PERFECTAS NO EXISTEN. Apuesta siempre a tres factores que tienen que permanecer OK en las interacciones relacionales: Respeto, paciencia y acuerdo. La diferencia es lo más común en las relaciones. Ya lo sabes ahora, por lo que debes evitar siempre que sea un punto de fractura. Mantén la comunicación fluida, tomando muy en serio éstos factores, que siempre garantizarán transacciones positivas relacionales.

5.- LAS RELACIONES PERFECTAS NO EXISTEN. Busca siempre restablecer la continuidad. Toma la iniciativa de reparar, cuando se deba, de pedir disculpa, aun siendo innecesario. La disculpa siempre será un héroe invisible en las relaciones.

Nunca te acostumbres a esperar que la otra parte resuelva la discontinuidad. Hazlo tú, evitarás pérdida de tiempo y oportunidades. La mitad de las veces las relaciones se trancan por meras estupideces. Mantén esta postura permanente, siempre que el respeto esté presente.

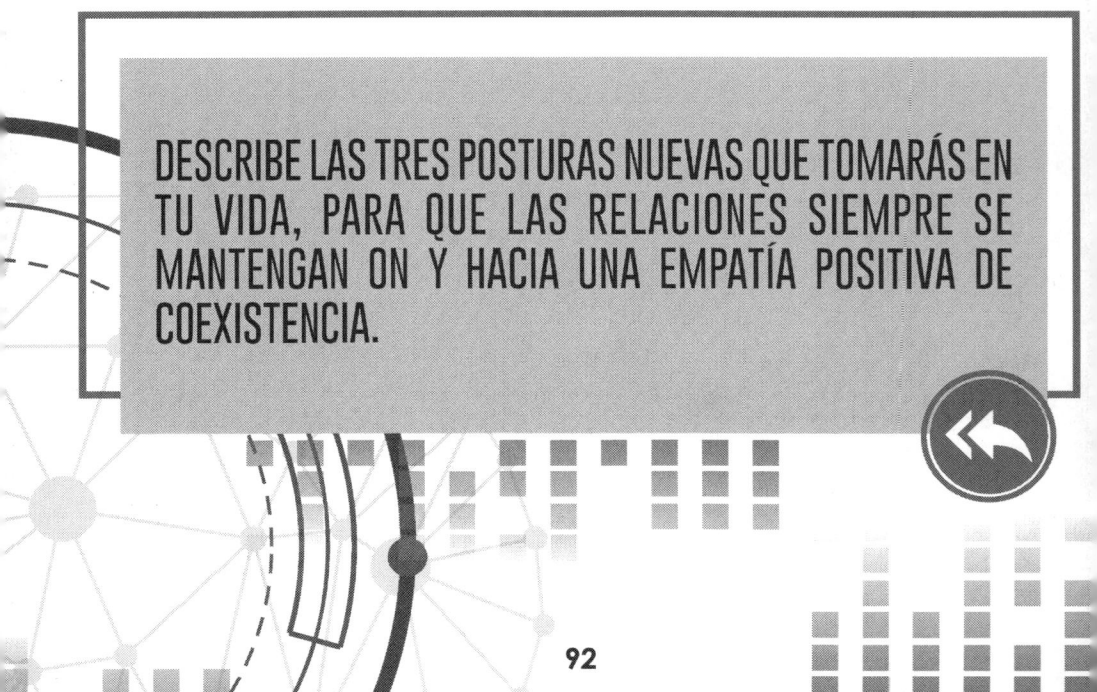

DESCRIBE LAS TRES POSTURAS NUEVAS QUE TOMARÁS EN TU VIDA, PARA QUE LAS RELACIONES SIEMPRE SE MANTENGAN ON Y HACIA UNA EMPATÍA POSITIVA DE COEXISTENCIA.

23.

CADA LOGRO, AUNQUE SEA EL MÁS MÍNIMO, SIEMPRE INDICA QUE VAS POR BUEN CAMINO.

SENTIR QUE AVANZAS EN LA VIDA

es fundamental por muchas razones. Hace que el CAMINO sea más fácil:

1.- GENERA CONFIANZA EN TI MISMO Y EN LOS DEMÁS.

2.- TE ACERCA A TUS OBJETIVOS.

3.- EXPERIMENTAS LA SENSACIÓN DE QUE CADA VEZ QUEDA MENOS.

4.- SIENTES QUE PROGRESAS, CONVENCIENDO AL UNIVERSO DE TUS INTENCIONES.

5.- FAVORECES LA CREACIÓN DE OPORTUNIDAD.

6.- AHUYENTA A LOS TEMORES DEL CAMINO, FACILITANDO TODO LO QUE SIGUE.

Por todo ello es clave poner en marcha lo que sea necesario para que tu maquinaria de actuar entre en modo acción. Evita por todos los medios quedarte paralizado en la vida, por más circunstancias que justifique una causa.
Demostrar lo que vales es una responsabilidad personal, que aumenta tu valor intrínseco y provoca en tu destino la mejor suerte.

ES POSIBLE QUE ALGÚN DÍA TE TRANQUES.

Es factible tropiezos en el caminar y hasta reveses dolorosos. Muchas veces estos acontecimientos se pueden considerar logros, de alguna manera, pues preparan lo mejor o facilitan la visión de errores que no se volverán a repetir.
Lo importante es que mantengas la acción de tu existir, conectado a ese propósito responsable que guía tu vida.

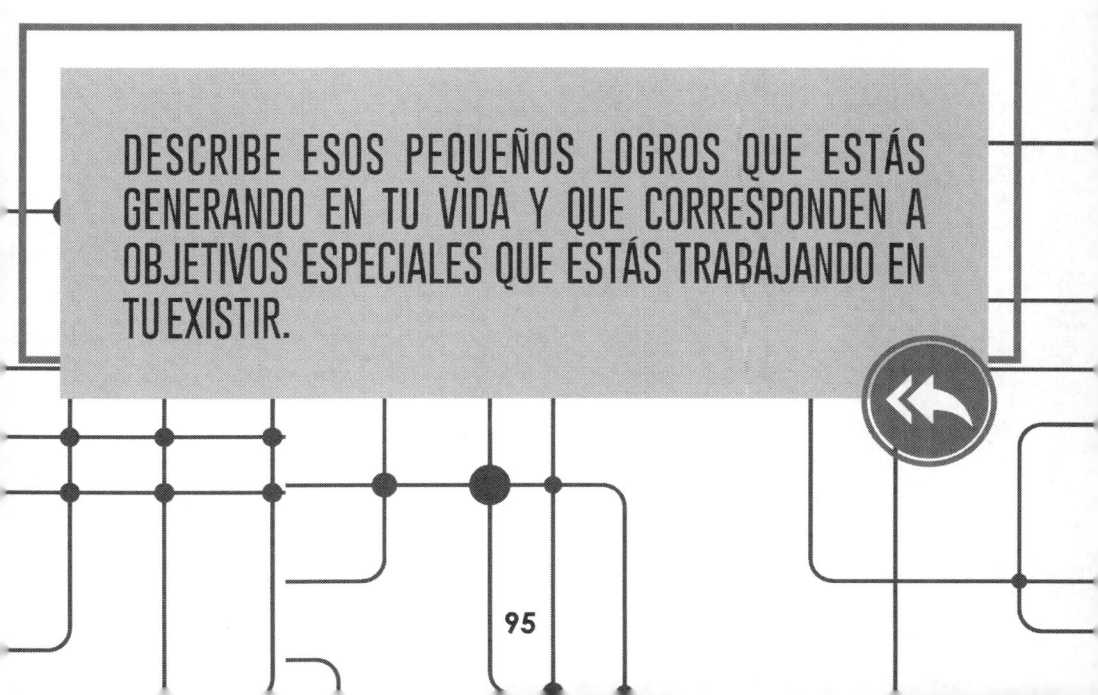

> DESCRIBE ESOS PEQUEÑOS LOGROS QUE ESTÁS GENERANDO EN TU VIDA Y QUE CORRESPONDEN A OBJETIVOS ESPECIALES QUE ESTÁS TRABAJANDO EN TU EXISTIR.

24.

PERSEGUIR MOMENTOS QUE TE DEJEN SIN ALIENTO, ES EL MEJOR ALIENTO QUE POCOS SE ATREVEN A PERSEGUIR.

PERSEGUIR MOMENTOS

que te dejen sin aliento es una magnífica manera de probar tus límites y determinar hasta dónde deseas llegar.

Siempre será positivo para cualquier vida exceder la normalidad, modificar las rutinas y generar sorpresa. Dice mucho de tu personalidad y hasta qué punto estás dispuesto a conocer sabores exquisitos del existir. Para ello busca producir algún tipo de ALIENTO, que te saque de balance:

HACER COSAS QUE TE SORPRENDAS.

PROBAR ACTIVIDADES COMPLETAMENTE NUEVAS PARA TU MUNDO.

PROYECTAR OBJETIVOS INALCANZABLES HOY, PARA TI.

CERRAR PARA SIEMPRE LO QUE TE ALEJE DE LO QUE DESEAS EN TU VIDA.

HACER COSAS QUE PROYECTE EN TI ADMIRACIÓN.

ATREVERTE A IR MÁS ALLÁ EN ÁREAS COTIDIANAS A TU VIDA.

APRENDER COSAS ATÍPICAS AL SENTIDO COMÚN RACIONAL.

> DESCRIBE QUÉ COSAS TE GUSTARÍA INCURSIONAR PARA GENERAR MOMENTOS QUE TE DEJEN SIN ALIENTO. AUNQUE SEA UNA VEZ EN LA VIDA…

25.

DAR EL PRIMER PASO, HACE QUE QUEDE MENOS.

LOS MEJORES ATLETAS YA SON HOY LO MEJOR

que pueden ser mañana. Solo en el ahora, se dan todo lo que pueden hoy. Se la pasan siendo hoy lo que serán mañana.
Puedes volver una filosofía de vida "Dar un primer paso" a lo que sea en tu vida. Da movimiento a los días y aventura al andar. Veamos que nos enseña la filosofía "PRIMER" paso, para que muchas cosas pasen en tu caminar...

DAR UN PRIMER PASO, **SIGNIFICA QUE ESTÁS DISPUESTO A ENTREGARTE A TODO.**

DAR UN PRIMER PASO, **QUIERE DECIR QUE YA QUEBRASTE LA INERCIA DE CUALQUIER MIEDO, ANGUSTIA, FLOJERA O TEMOR, QUE TE DOMINABA Y NO TE DEJABA ACTUAR.**

DAR UN PRIMER PASO, **ABRE UN SENDERO QUE PUEDE TERMINAR EN LA AUTOPISTA DE LAS OPORTUNIDADES.**

DAR UN PRIMER PASO, **HACE QUE LO QUE SE ADELANTE HAGA MAÑANA MÁS FÁCIL.**

DAR UN PRIMER PASO, POR SUPUESTO HACE QUE QUEDE MENOS DE TODO LO QUE TE FALTA…

DAR UN PRIMER PASO, TE SACA DE DONDE ESTÁS. IMPULSA EL DINAMISMO DE LA GRAN AVENTURA.

> PARA QUE DES MÁS PRIMEROS PASOS EN TUS OBJETIVOS DE VIDA, DESCRIBE DOS ACTITUDES QUE VAS A ELIMINAR, PARA QUE ELLO SEA NORMAL EN TU ANDAR.

BRILLAS
CUANDO ERES CAPAZ DE
ALUMBRAR
CUALQUIER OSCURIDAD DENTRO DE TI MISMO...

UNA PAUSA ANTES DE QUE CIERRES ESTE LIBRO...

HASTA AQUÍ YA SABES CÓMO CREAR MEJOR VIDA CON MIS POSTS A TU EXISTIR.

Pero realmente el conocimiento sin acción es solo intención. Nada más.

La magia real de este libro son las respuestas que escribiste a mis preguntas, hasta este momento. Sin ellas falta todo para lograr realmente una Mejor Vida.

Vuelve a tu cuaderno, para responder a las siguientes preguntas, y ver como determinarás aspectos, decisiones y cambios, para una mejor vida…

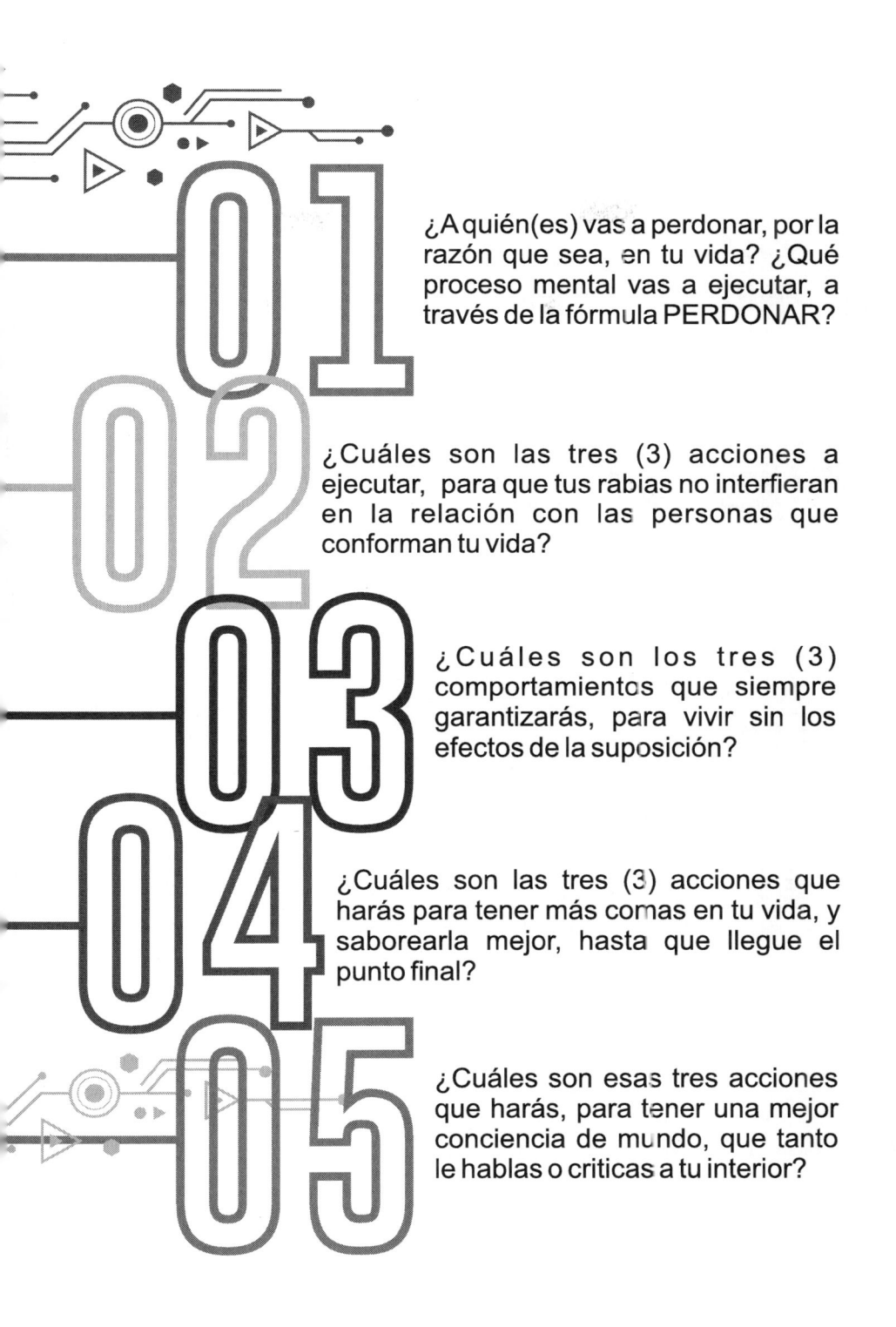

01 ¿A quién(es) vas a perdonar, por la razón que sea, en tu vida? ¿Qué proceso mental vas a ejecutar, a través de la fórmula PERDONAR?

02 ¿Cuáles son las tres (3) acciones a ejecutar, para que tus rabias no interfieran en la relación con las personas que conforman tu vida?

03 ¿Cuáles son los tres (3) comportamientos que siempre garantizarás, para vivir sin los efectos de la suposición?

04 ¿Cuáles son las tres (3) acciones que harás para tener más comas en tu vida, y saborearla mejor, hasta que llegue el punto final?

05 ¿Cuáles son esas tres acciones que harás, para tener una mejor conciencia de mundo, que tanto le hablas o criticas a tu interior?

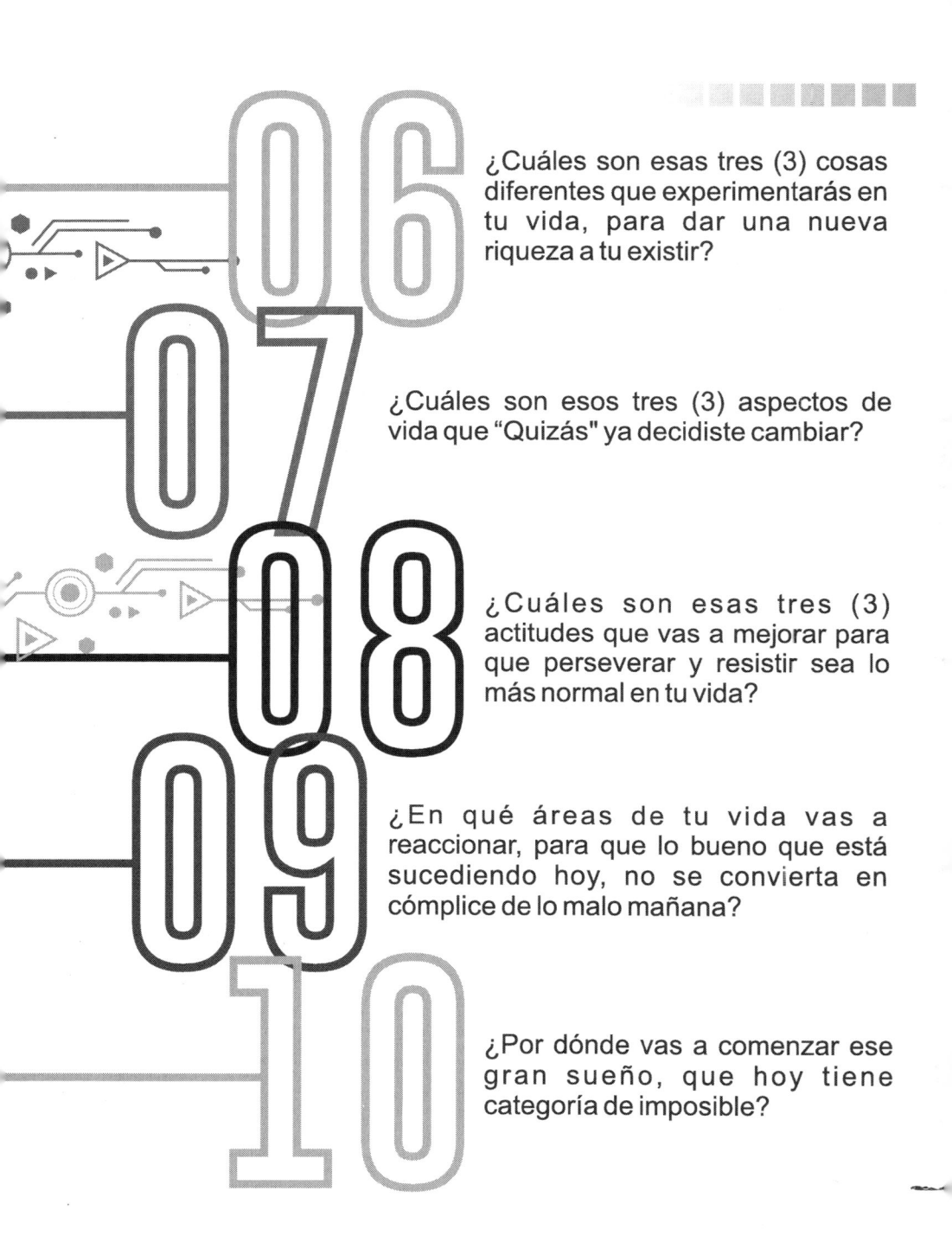

06 ¿Cuáles son esas tres (3) cosas diferentes que experimentarás en tu vida, para dar una nueva riqueza a tu existir?

07 ¿Cuáles son esos tres (3) aspectos de vida que "Quizás" ya decidiste cambiar?

08 ¿Cuáles son esas tres (3) actitudes que vas a mejorar para que perseverar y resistir sea lo más normal en tu vida?

09 ¿En qué áreas de tu vida vas a reaccionar, para que lo bueno que está sucediendo hoy, no se convierta en cómplice de lo malo mañana?

10 ¿Por dónde vas a comenzar ese gran sueño, que hoy tiene categoría de imposible?

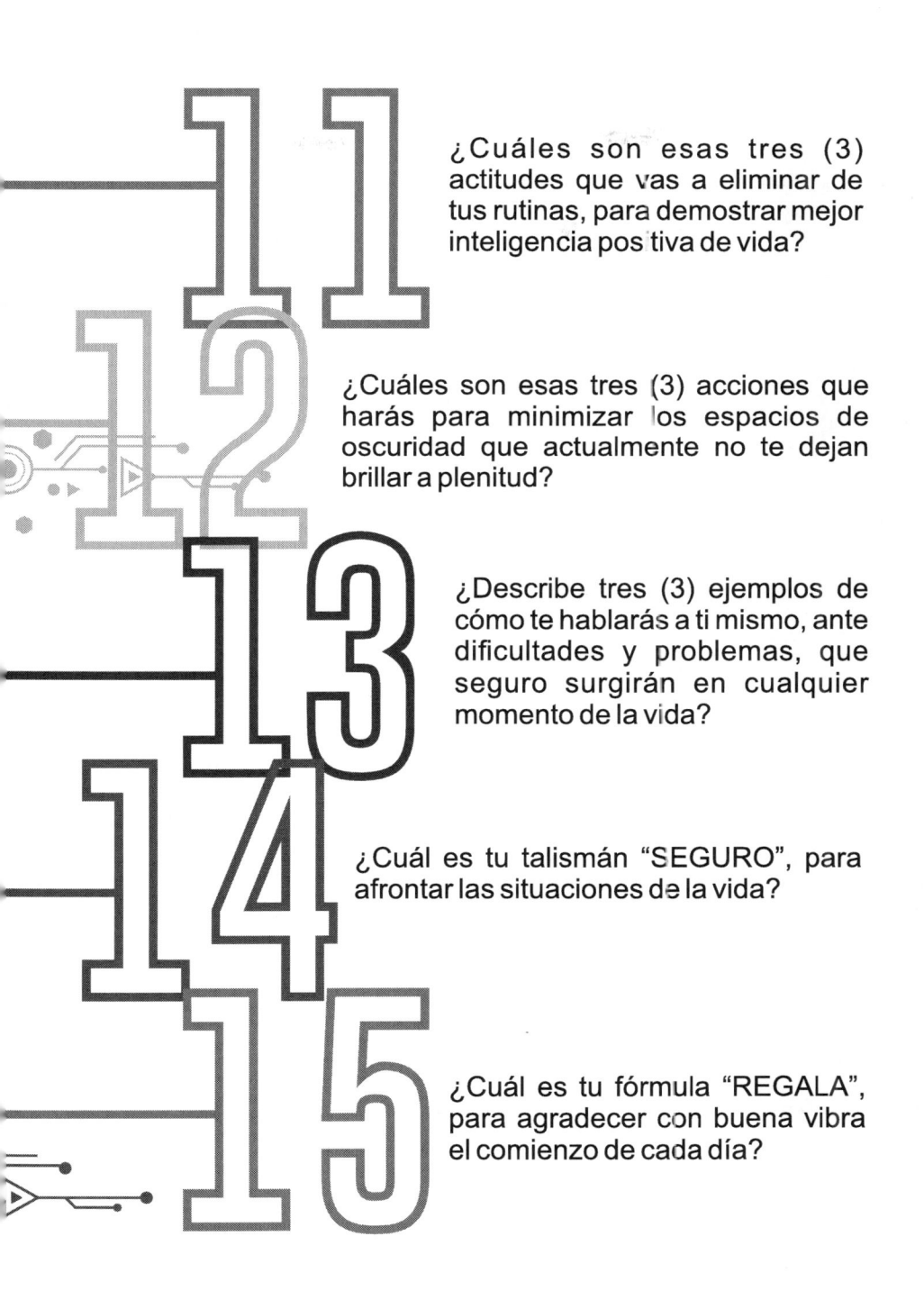

11. ¿Cuáles son esas tres (3) actitudes que vas a eliminar de tus rutinas, para demostrar mejor inteligencia positiva de vida?

12. ¿Cuáles son esas tres (3) acciones que harás para minimizar los espacios de oscuridad que actualmente no te dejan brillar a plenitud?

13. ¿Describe tres (3) ejemplos de cómo te hablarás a ti mismo, ante dificultades y problemas, que seguro surgirán en cualquier momento de la vida?

14. ¿Cuál es tu talismán "SEGURO", para afrontar las situaciones de la vida?

15. ¿Cuál es tu fórmula "REGALA", para agradecer con buena vibra el comienzo de cada día?

16. ¿Cuáles son esas tres (3) actitudes que no te dejan perseguir y conquistar tus sueños, evitando obtener lo que crees merecerte en tu vida?

17. ¿Cuáles son esas tres (3) acciones que vas a comenzar en tu vida para evitar distracciones que compliquen tus promesas y resultados?

18. ¿Cuáles son esas tres (3) cosas pequeñas que harás para comenzar a dar grandeza a tu obrar?

19. ¿Qué cosas harás para que DAR MÁS, tenga una resonancia especial en tu vida?

20. ¿Cuáles son los logros semanales del momento, que estás dando a tu vida para alegrar los días?

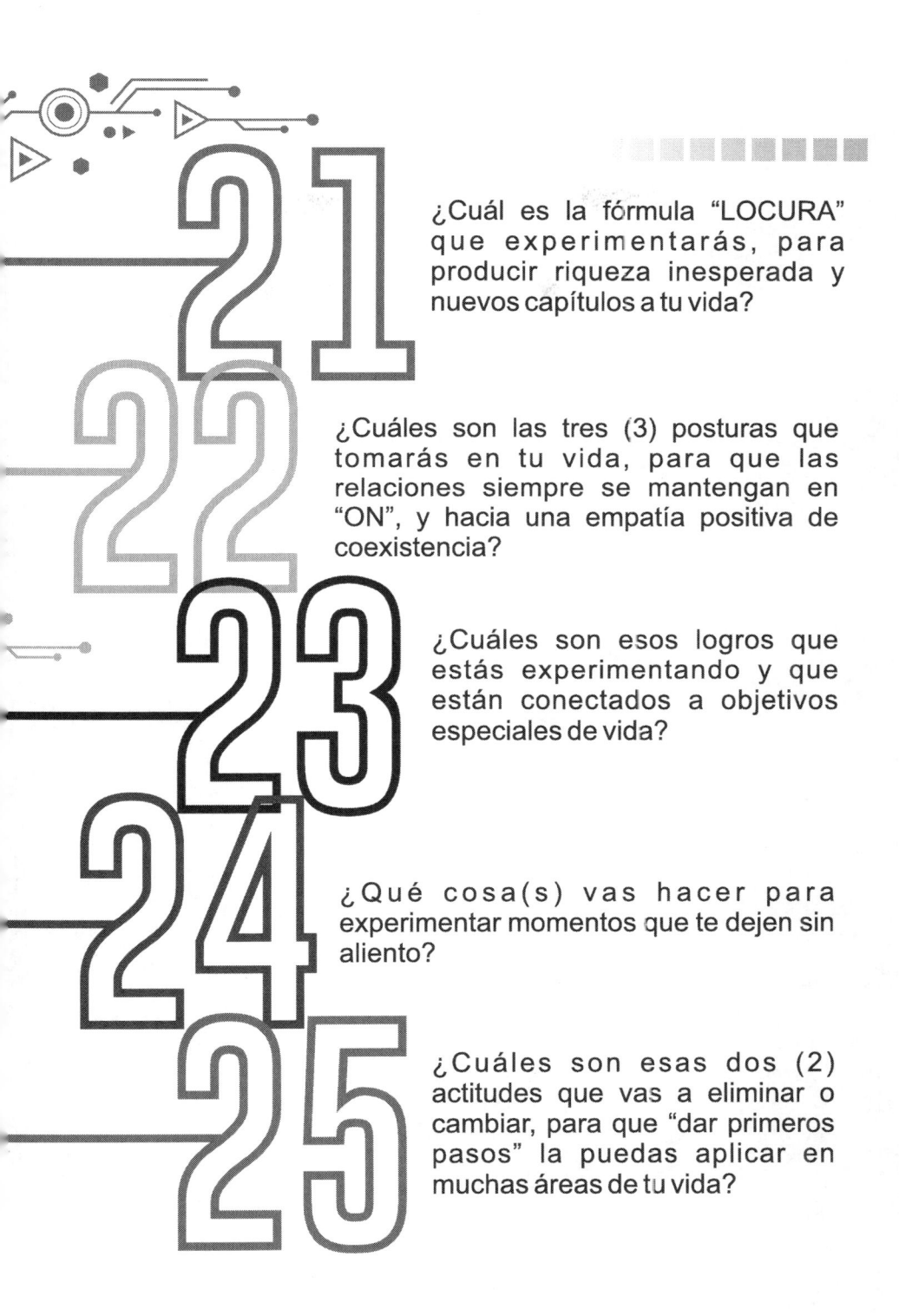

21 ¿Cuál es la fórmula "LOCURA" que experimentarás, para producir riqueza inesperada y nuevos capítulos a tu vida?

22 ¿Cuáles son las tres (3) posturas que tomarás en tu vida, para que las relaciones siempre se mantengan en "ON", y hacia una empatía positiva de coexistencia?

23 ¿Cuáles son esos logros que estás experimentando y que están conectados a objetivos especiales de vida?

24 ¿Qué cosa(s) vas hacer para experimentar momentos que te dejen sin aliento?

25 ¿Cuáles son esas dos (2) actitudes que vas a eliminar o cambiar, para que "dar primeros pasos" la puedas aplicar en muchas áreas de tu vida?

SI LOGRASTE UBICAR LA OPORTUNIDAD EN TUS HALLAZGOS, FELICITACIONES,

estás en el camino de una Mejor Vida. Si no, siempre estará en tus manos tomar las decisiones correctas en tu andar por la maravillosa oportunidad que tenemos de sentir esta vida, que es la única que tenemos.

GRACIAS
POR TRABAJAR POR UNA MEJOR VIDA.

Made in the USA
Columbia, SC
26 August 2022